辽宁省自然科学基金联合基金（面上资助计划项目）（2023-MSLH-061）
辽宁省教育厅高校基本科研项目（LJ212411779019）

服装制造业智能化升级与绿色转型

张宁 著

中国纺织出版社有限公司

内容提要

本书介绍了全球服装制造业的发展、辽宁省服装制造业的现状、辽宁省服装制造业智能化升级的必要性，智能制造技术在服装制造业的应用及辽宁省服装制造业的绿色转型。主要包括全球化对服装制造业的影响，物联网、大数据和人工智能技术在服装制造业的应用情况，智能制造技术优势和案例分析及绿色转型现状和转型策略。此外，未来研究方向还包括持续优化智能制造技术、推动绿色生产工艺的创新应用等内容。全书通过丰富的案例分析，为辽宁省乃至全国的服装制造企业提供了宝贵的参考和借鉴，旨在推动行业的智能化升级和绿色转型，促进服装制造业高质量和可持续发展。

本书适合服装制造业及相关领域的企业管理者、学术研究者、技术开发人员等阅读。

图书在版编目（CIP）数据

服装制造业智能化升级与绿色转型 / 张宁著.
北京：中国纺织出版社有限公司，2025.6. -- ISBN 978-7-5229-2596-7
Ⅰ.TS941.26
中国国家版本馆CIP数据核字第20258TF226号

责任编辑：由笑颖　　责任校对：寇晨晨　　责任印制：王艳丽

中国纺织出版社有限公司出版发行
地址：北京市朝阳区百子湾东里A407号楼　邮政编码：100124
销售电话：010—67004422　传真：010—87155801
http://www.c-textilep.com
中国纺织出版社天猫旗舰店
官方微博 http://weibo.com/2119887771
三河市宏盛印务有限公司印刷　各地新华书店经销
2025年6月第1版第1次印刷
开本：710×1000　1/16　印张：11
字数：150千字　定价：88.00元

凡购本书，如有缺页、倒页、脱页，由本社图书营销中心调换

前 言

近年来，随着全球经济的发展和技术的进步，制造业迎来了前所未有的变革。服装制造业作为传统制造业的重要组成部分，也在不断适应和迎接新的挑战与机遇。辽宁省作为中国的重要工业基地之一，其服装制造业在智能化升级和绿色转型方面的探索和实践，具有重要的示范和引领作用。

本书旨在系统性地分析和探讨辽宁省服装制造业智能化升级和绿色转型的现状、技术应用和未来发展趋势。通过对国内外先进案例的分析与比较，揭示智能制造技术在提高生产效率、优化产品质量、降低成本和增强市场竞争力方面的巨大潜力，同时强调绿色生产和可持续发展对于企业长远发展的重要性。

在本书的编写过程中，我们深入调研了辽宁省多家服装制造企业，详细了解了企业在智能制造、绿色生产、供应链管理和市场拓展等方面的实践和成就。我们发现，许多企业通过引进先进的自动化设备和智能管理系统，实现了生产过程的高度自动化和智能化，大幅提高了生产效率和产品质量。此外，越来越多的企业开始重视环保材料的使用和绿色生产工艺的应用，积极响应国家的环保政策，努力减少生产对环境的负面影响。我们希望本书的研究成果，能够为辽宁省乃至全国的服装制造企业提供参考和借鉴，推动行业的智能化升级和绿色转型。同时，我们也期望本书能够引起学术界和业界对服装制造业可持续发展的关注，共同探讨和解决在智能制造和绿色生产过程中遇到的各种问题。

最后，衷心感谢参与本书编写和调研的各位专家、学者和企业代表，他们的专业知识和实践经验为本书的完成提供了宝贵的支持和帮助。同时，还要感谢各级政府部门和科研机构对本书编写工作的支持和指导。希望本书能够为推动辽宁省服装制造业的高质量发展贡献一分力量。

由于著者水平有限，时间仓促，书中定有许多不足之处，希望能够得到广大读者和同行专家的批评、指正。

著者

2024 年 7 月

目 录

第一章 服装制造业智能化升级 ·················· 1

第一节 全球服装制造业的发展 ·················· 1
一、全球服装制造业的发展概况 ·················· 1
二、工业4.0与服装制造业的融合 ·················· 8
三、全球服装制造业发展趋势 ·················· 14

第二节 辽宁省服装制造业的现状 ·················· 25
一、辽宁省服装制造业概述 ·················· 25
二、辽宁省服装制造业的技术水平 ·················· 34
三、辽宁省服装制造业的市场表现与竞争力 ·················· 43

第三节 辽宁省服装制造业智能化升级的必要性 ·················· 50
一、生产效率与成本优化 ·················· 50
二、市场响应与客户需求满足 ·················· 57
三、实现可持续发展 ·················· 63

第四节 智能化升级与绿色转型的全球趋势与理论支撑分析 ·················· 69
一、理论模型 ·················· 69
二、理论模型对中国服装制造业的本地化借鉴路径 ·················· 70

第二章 智能制造技术在服装制造业的应用 ·················· 73

第一节 物联网技术 ·················· 73
一、物联网技术概述 ·················· 73

  二、物联网技术在制造业中的应用……75
  三、物联网技术在服装制造业中的应用……78
  四、物联网技术实施案例分析……85
 第二节 大数据技术……88
  一、大数据技术概述……88
  二、大数据技术在制造业中的应用……91
  三、大数据技术在服装制造业中的应用……94
  四、大数据技术实施案例分析……100
 第三节 人工智能技术……101
  一、人工智能技术概述……101
  二、人工智能技术在制造业中的应用……104
  三、人工智能技术在服装制造业中的应用……106
  四、人工智能技术实施案例分析……113
  五、人工智能技术未来应用趋势与行业发展对策……115
 第四节 智能制造技术的融合路径与系统化趋势……118

第三章 辽宁省服装制造业的绿色转型……123
 第一节 绿色制造技术……123
  一、绿色制造技术概述……123
  二、绿色设计、材料与工艺……128
  三、绿色制造技术实施案例分析……133
 第二节 辽宁省服装制造业的绿色转型现状……136
 第三节 绿色转型策略……140
  一、绿色转型技术路线与技术创新……140
  二、政策支持与产业合作……143

三、实施绿色转型案例分析 …………………………………………… 145

第四节 循环经济与服装产业闭环供应链建设实践研究 …………………… 148

一、循环经济与闭环供应链的理论内涵与价值 ………………………… 148

二、国内外服装产业闭环供应链典型案例分析 ………………………… 149

三、辽宁省服装产业循环经济与闭环供应链发展现状分析 …………… 151

四、辽宁省服装产业循环经济与闭环供应链建设策略建议 …………… 151

第五节 绿色转型的实施路径与挑战 …………………………………………… 152

一、绿色转型的实施路径 ………………………………………………… 152

二、绿色转型面临的挑战 ………………………………………………… 154

三、绿色转型的未来发展趋势 …………………………………………… 155

四、展望 …………………………………………………………………… 156

第四章 结论与展望 …………………………………………………………… 159

第一节 研究结论 …………………………………………………………………… 159

第二节 未来研究和实践的方向 …………………………………………………… 160

第三节 技术创新与优化建议 ……………………………………………………… 161

参考文献 …………………………………………………………………………… 163

第一章 服装制造业智能化升级

第一节 全球服装制造业的发展

一、全球服装制造业的发展概况

（一）全球服装制造业的历史与现状

全球服装制造业的发展历程可以追溯到几千年前，经历了从手工艺制作到现代化智能制造的巨大转变。早期的服装制造业以手工操作为主，生产工具简陋，技术落后，服装制作主要依靠手工纺织和缝纫，工艺复杂，制作周期长，生产效率极低，产品种类和数量都非常有限。

在中世纪时期，纺织和服装制作逐渐发展成为一种重要的手工艺。纺织技术的进步，如纺车和织布机的发明，使纺织品的生产效率有所提升，但整体上依然是手工劳动密集型产业。这一时期的服装制造主要集中在家庭作坊和小型手工业者手中，产品质量参差不齐，制作周期较长。中世纪的欧洲，尤其是意大利和法国，开始出现一些规模较大的纺织和服装制造中心，但生产模式依然停留在手工阶段。

18世纪末至19世纪初，工业革命带来了巨大的技术变革，推动了纺织和服装制造业的快速发展。蒸汽机的发明和应用使机械化生产成为可能,纺纱机、织布机和缝纫机等新型机械设备被广泛应用于纺织和服装制造过程中,大大提高了生产效率,降低了生产成本。这一时期,英国成为全球服装制造业的中心,曼彻斯特被誉为"棉都",大量纺织厂和服装工厂涌现,服装产品的产量和种类显著增加,价格也逐渐下降,服装开始进入普通民众的生活。

20世纪中叶,服装制造业迎来了全球化的浪潮。发达国家的服装制造企业开始将生产基地转移到劳动力成本较低的发展中国家。这一时期,全球供应链和跨国生产网络的建立,使服装制造业规模进一步扩大,生产成本进一步降低,产品种类和样式更加多样化。中国凭借庞大的劳动力市场和完善的产业链,迅速成为全球最大的服装制造基地之一。

21世纪,信息技术和自动化技术的迅猛发展,引领服装制造业进入智能化时代。工业4.0理念的提出,将物联网(internet of things,IoT)、人工智能(artificial intelligence,AI)、大数据(big data)和云计算等技术引入制造业,使服装生产过程更加智能化、自动化和数字化。智能制造不仅提高了生产效率和产品质量,还增强了企业对市场需求变化的快速响应能力。例如,德国提出的"工业4.0"战略,通过信息物理系统(CPS)的广泛应用,实现了生产过程的智能化控制和优化。美国的"先进制造伙伴(AMP)"计划则通过推动制造业技术创新,提高了美国在全球制造业的竞争力。

目前,全球服装制造业呈现多样化和复杂化的特点。中国、印度、越南和孟加拉国等国家成为主要的服装生产基地,依靠相对较低的劳动力成本和大规模生产能力占据了全球服装制造市场的重要份额。然而,这些国家也面临着产业升级和技术革新的压力,需要不断提高技术水平和生产效率。以中国为例,近年来,中国政府通过出台一系列政策措施,推动制造业向智能化、绿色化方向发展,鼓励企业加大研发投入,提高自主创新能力,提升产品附加值。与此同时,发达国家的服装制造企业则更加注重设计创新、高端定制和智能制造技术的应用。欧美国家的服装品牌通过产品设计和品牌影响力占据高端市场，并在智能制造领域进行大量投资，推动服装制造业向高附加值和高技术含量方向发展。例如，美国的服装制造企业通过大数据和人工智能技术，实现了个性化定制，形成了快速反应供应链，提高了市场竞争力。

总之，全球服装制造业在不断变化和发展中，技术创新和产业升级成为驱动行业发展的主要动力。智能制造和可持续发展理念的引入，正在重塑全球服装制造业的未来格局。未来，随着技术的进一步发展和应用，全球服装制造业将朝着更加智能化、数字化和绿色化的方向发展，为消费者提供更加优质和个性化的产品。

（二）机械化和自动化生产的历史发展

机械化和自动化生产是服装制造业发展过程中至关重要的阶段，其历史可以追溯到18世纪末的工业革命时期。工业革命标志着人类历史上生产方式的重大转变，机械化生产技术的引入彻底改变了传统手工制造的面貌，提高了生产效率，降低了生产成本。

1. 工业革命初期的机械化

工业革命初期，纺织业成为最早引入机械化生产的行业之一。1764年，詹姆斯·哈格里夫斯（James Hargreaves）发明了珍妮纺纱机，这种机器可以同时操作多个纱锭，大大提高了纺纱效率。1769年，理查德·阿克莱特（Richard Arkwright）发明了水力纺纱机，将水力引入纺织生产，进一步提升了生产效率。1779年，塞缪尔·克朗普顿（Samuel Crompton）发明了骡机，将珍妮纺纱机和水力纺纱机的优点结合在一起，实现了纺纱过程的自动化和高效化。

织布机的机械化也是工业革命时期的重要突破之一。1785年，埃德蒙·卡特赖特（Edmund Cartwright）发明了动力织布机，将蒸汽动力引入织布过程，大大提高了织布的速度和质量。这些机械化设备的应用，使纺织品的生产成本大幅降低，产品供应量显著增加，推动了服装制造业的快速发展。

2. 20世纪初的自动化生产

20世纪，自动化技术开始在服装制造业中得到广泛应用。自动化生产不仅依赖机械设备的改进，还需要电力和控制系统的发展。20世纪初，电力的广泛应用和电动机的普及，为自动化设备的运转提供了可靠的动力源。自动化缝纫机、自动裁剪机等设备相继问世，使服装制造的各个环节逐步实现自动化。20世纪20年代，福特汽车公司率先在汽车制造业中引入流水线生产模式，这一模式随后被服装制造业借鉴和应用。流水线生产将服装制造过程分解为多个简单的操作步骤，每个工人只需负责一道工序，大大提高了生产效率和产品一致性。流水线生产模式的引入，标志着服装制造业向大规模、标准化生产迈出了重要一步。

3. 第二次世界大战后的自动化技术进步

第二次世界大战后，计算机技术的发展为服装制造业的进一步自动化提供了新的机遇。20世纪60年代，计算机辅助设计（CAD）和计算机辅助制造（CAM）技术开始应用于服装设计和生产中。CAD技术使设计师能够在计算机上进行服装款式设计和修改，提高了设计效率和精确度。CAM技术使自动裁剪机和缝纫机能够根据计算机指令进行精确操作，实现了生产过程的高度自动化。20世纪80年代，随着信息技术和微电子技术的发展，服装制造业的自动化水平进一步提升。自动化生产线、机器人技术和智能控制系统被广泛应用于服装制造的各个环节，从原材料的处理、裁剪、缝纫到最终产品的包装，几乎所有的生产步骤都实现了自动化。特别是工业机器人在缝纫、搬运和质检等环节的应用，不仅提高了生产效率，还降低了劳动强度和生产成本。

4. 21世纪的智能制造

21世纪以来，智能制造成为服装制造业的发展方向。智能制造不仅是自动化的延续,还是信息技术与制造技术深度融合的结果。物联网、人工智能、大数据和云计算等技术的广泛应用,使服装制造过程变得更加智能化和数字化。通过实时数据采集和分析,智能制造系统能够对生产过程进行优化和调整,提高生产效率和产品质量。例如,智能裁剪系统可以根据设计图纸自动调整裁剪方案,减少材料浪费;智能缝纫机可以根据不同面料和工艺要求自动调整缝纫参数,提高缝纫质量;智能仓储和物流系统则能够实现原材料和成品的高效管理和调度。智能制造不仅提高了生产效率,还增强了企业的市场响应能力和竞争力。

总之,机械化和自动化生产的历史发展为服装制造业带来了深刻的变革。从早期的手工操作到现代化的智能制造,技术进步推动了生产效率的提升和产品质量的改善。未来,随着技术的不断创新和应用,服装制造业将迎来更加智能化和高效化的发展新时代。

(三)全球化对服装制造业的影响

全球化对服装制造业产生了深远而复杂的影响,主要体现在产业布局、生产模式、市场竞争、技术和信息的交流和劳动关系和社会影响等多个方面。自 20 世纪中叶以来,全球化浪潮推动了资本、技术和劳动力的跨国流动,使服装制造业逐渐形成了全球供应链和生产网络。

1. 产业布局的全球化

全球化促进了服装制造业的产业布局向发展中国家转移。20 世纪 60 年代以来,发达国家为了降低生产成本,纷纷将服装制造环节外包或转移至劳动力成本低廉的国家。这些国家凭借相对较低的劳动力成本和较低的生产成本,迅速成为全球服装制造的重要基地。例如,20 世纪 80 年代,日本和韩国曾是主要的服装制造中心,但由于劳动力成本上升,生产制造逐渐转移至中国和东南亚。进入 21 世纪后,越南、孟加拉国、柬埔寨等国家凭借低劳动成本和政策支持,吸引了大量服装订单,并成为全球服装供应链的重要组成部分。

2.生产模式的变化

全球化推动了服装制造业生产模式的变化,从传统的本地化生产转向全球化生产。跨国公司通过在不同国家设立生产基地,利用各地的资源优势,实现了生产环节的全球化分工。例如,设计和研发通常在发达国家进行,而大规模的生产和组装则在发展中国家进行。这种全球化的生产模式不仅降低了生产成本,还提高了生产效率和产品的市场竞争力。

3.市场竞争的加剧

全球化使服装市场竞争日益激烈。随着国际贸易壁垒的逐步降低和自由贸易区的建立,服装产品在全球市场上的流通更加自由。各国服装企业不仅要面对本国市场的竞争,还要应对来自全球各地的竞争对手。这种激烈的市场竞争促使企业不断创新,提高产品质量和生产效率,以满足多样化的市场需求。

4.技术和信息的交流

全球化促进了技术和信息的跨国交流,加速了服装制造技术的传播和应用。发达国家的先进制造技术和管理经验通过跨国投资和技术转移等方式,传递到发展中国家,推动了全球服装制造业的技术进步。例如,工业4.0在全球范围内的推广应用,使智能制造逐渐成为服装制造业的发展趋势,推动了行业的整体升级。

5.劳动关系和社会影响

全球化对服装制造业的劳动关系和社会影响也不容忽视。虽然全球化带来了大量的就业机会,特别是在发展中国家,但也伴随着一系列劳工权益问题。许多发展中国家的服装工人工作环境恶劣、工资低廉、劳动强度大,甚至存在侵犯劳工权益的现象。这些问题引起了国际社会的广泛关注,推动了对全球供应链的监管和对劳工权益的保护。例如,"公平贸易"运动和各类非政府组织的倡导,推动了企业在全球化进程中承担更多的社会责任,改善工人的工作条件。

全球化对服装制造业的影响是多方面的，既带来了生产效率的提高和市场竞争的加剧，又促进了技术的传播和劳动关系的复杂化。全球化使服装制造业形成了一个高度互联的全球生产网络，各国企业在这个网络中相互合作、相互竞争，共同推动了行业的发展与进步。然而，全球化也带来了劳工权益等社会问题，亟须国际社会和各国政府通过有效的政策和监管措施进行解决，以实现服装制造业的可持续发展。

（四）服装制造业的智能化趋势分析

随着科技的不断进步，智能制造技术在服装制造业中的应用逐渐成为行业发展的新趋势。智能制造技术包括物联网、人工智能、大数据、机器人技术等，这些技术的集成应用不仅提高了生产效率和产品质量，还增强了企业的市场竞争力和创新能力。

1. 物联网技术的应用

物联网技术通过将设备、系统和人连接起来，实现了信息的实时传输和共享。在服装制造业中，物联网技术被广泛应用于生产设备的监控和管理。例如，通过在缝纫机、裁剪机等设备上安装传感器，可以实时监测设备的运行状态，发现潜在故障并及时进行维护，避免生产中断。同时，物联网技术还可以实现生产过程的精细化管理，提高生产效率和产品质量。

2. 人工智能技术的应用

AI技术在服装设计、生产和销售各环节中的应用，为行业带来了革命性的变化。在设计阶段，AI可以通过分析大量的市场数据和流行趋势，为设计师提供参考，帮助他们设计出符合市场需求的产品。在生产阶段，AI算法可以优化生产流程，自动调整设备参数，提高生产效率和产品一致性。此外，AI还被应用于质量检测，通过图像识别技术自动识别产品缺陷，提高检测精度和速度。

3. 大数据技术的应用

大数据技术通过对海量数据的收集和分析，为企业提供科学的决策支持。在服装制造业中，大数据技术被用于市场预测、库存管理和供应链优化。例如，通过分析消费者的购买行为和市场趋势，企业可以预测市场需求，制订合理的生产计划，避免库存积压或短缺。同时，大数据技术还可以优化供应链管理，提高原材料采购和产品配送的效率，降低运营成本。

4. 机器人技术的应用

机器人技术的应用使服装制造过程中的自动化程度大大提高。在裁剪、缝纫、包装等环节，机器人可以代替人工完成复杂的操作，提高生产效率和产品质量。例如，自动裁剪机器人可以根据设计图纸精确切割面料，减少材料浪费；自动缝纫机器人可以高速稳定地完成缝纫工序，保证缝纫质量的一致性。此外，机器人还可以用于产品的自动包装和搬运，从而提高生产线的整体效率。

5. 智能制造系统的集成应用

智能制造系统通过将物联网、人工智能、大数据和机器人技术进行集成应用，实现了服装制造的全流程智能化管理。例如，智能工厂利用物联网技术实现设备和系统的互联，通过人工智能技术进行生产过程的优化和控制，通过大数据技术进行市场预测和决策支持，通过机器人技术完成自动化生产和操作。智能制造系统不仅提高了生产效率和产品质量，还增强了企业的市场竞争力和应对变化的能力。

智能制造技术在服装制造业中的应用，不仅推动了行业的技术升级和效率提升，还改变了传统的生产模式和管理方式。未来，随着科技的进一步发展和应用，智能制造技术将在服装制造中发挥更加重要的作用，推动行业实现更高水平的发展和创新。

二、工业 4.0 与服装制造业的融合

（一）工业 4.0 的定义与核心技术

工业 4.0 是指第四次工业革命，表现为制造业向智能化、数字化和网

络化转型升级。这个概念最早由德国政府在 2011 年汉诺威工业博览会上提出，其核心是通过信息物理系统、物联网、大数据、人工智能等先进技术，构建高度灵活的个性化和数字化产品与服务生产模式。

1. 工业 4.0 的定义

工业 4.0 不仅仅是一次技术革命，更是一次系统性变革。其核心目标是实现制造业的全面智能化，使生产系统能够自主决策和优化，从而提高生产效率、灵活性和资源利用率。工业 4.0 的实施需要制造企业在技术、组织和文化层面进行全面的变革，以适应新的生产模式和市场需求。

2. 核心技术

工业 4.0 核心技术包括信息物理系统、物联网、大数据、人工智能、云计算、增强现实（AR）与虚拟现实（VR）等。

（1）信息物理系统。信息物理系统是工业 4.0 的基础技术之一，通过将计算、通信和控制技术与物理过程紧密结合，实现对物理世界的全面感知、动态控制和信息共享。在服装制造业中，CPS 可以应用于智能工厂，通过传感器和执行器的互联互通，实现对生产设备和生产过程的实时监控和优化。

（2）云计算。云计算技术通过提供强大的计算能力和存储资源，支持制造企业进行大规模数据处理和复杂计算。在工业 4.0 环境下，云计算可以用于构建企业的智能制造平台，实现对生产过程的全局优化和协调管理。例如，通过云计算平台，企业可以实现对全球生产基地的统一调度和管理，提高供应链的响应速度和灵活性。

（3）增强现实与虚拟现实。增强现实与虚拟现实技术在工业 4.0 中的应用，主要体现在设计、培训和维护等方面。在服装制造业中，设计师可以通过 AR/VR 技术进行虚拟试衣和设计评审，提高设计效率和准确性；在生产维护中，AR 技术可以帮助工人快速定位和解决设备故障，提高维护效率。

3. 工业 4.0 的实施策略

工业 4.0 的成功实施需要企业在技术、组织和文化层面进行全面变革。首先，企业需要投资新技术的研发和应用，构建智能制造系统；其次，企业需要调整组织结构，培养复合型人才，提升员工的数字化和智能化技能；最后，企业需要营造创新和开放的文化氛围，鼓励员工积极参与变革和创新。

总之，工业 4.0 通过集成应用一系列先进技术，为制造业带来了深刻的变革。对于服装制造业而言，工业 4.0 不仅提高了生产效率和产品质量，还增强了企业的市场竞争力和创新能力。在未来，随着技术的不断发展和应用，工业 4.0 将进一步推动服装制造业实现更高水平的智能化和数字化发展。

（二）服装制造业的智能化转型路径

服装制造业的智能化转型是一个复杂的系统工程，涉及技术升级、组织变革和业务流程再造等多个方面。为了实现智能化转型，服装制造企业需要根据自身的实际情况，制定科学合理的转型路径和实施策略。以下是服装制造业智能化转型的主要路径。

1. 加快设备和技术升级

设备和技术升级是服装制造业智能化转型的基础。企业需要投资先进的制造设备和智能化技术，例如自动裁剪机、智能缝纫机和智能仓储系统等。这些设备能够提高生产效率、降低劳动成本，同时确保产品质量的一致性。此外，企业还需要引进物联网、人工智能、大数据和云计算等技术，实现设备的互联互通和数据的实时采集与分析。

2. 促进智能制造系统构建

智能制造系统是服装制造业实现智能化转型的重要支撑。企业可以通过构建智能工厂，实现生产过程的全自动化和智能化管理。例如，利用物联网技术，企业可以实现设备和系统的互联，通过传感器和执行器的协同工作，实现对生产过程的实时监控和优化。通过大数据分析，企业可以对生产数据进行深度挖掘，发现潜在问题，优化生产流程，提高生产效率和产品质量。

3. 推动业务流程再造

智能化转型不仅需要对技术进行升级，还需要对业务流程进行全面再造。企业需要重新审视现有的业务流程，借助智能化技术，对设计、生产、销售和物流等各环节进行优化。例如，在设计环节，利用CAD和三维仿真技术，可以大幅缩短设计周期，提高设计精度；在生产环节，利用智能制造系统，可以实现生产的柔性化和定制化，满足不同客户的个性化需求；在物流环节，利用智能仓储和配送系统，可以提高物流效率，降低物流成本。

4. 加强人才培养和团队建设

智能化转型离不开高素质的人才和强大的团队。企业需要加强对员工的培训，提高员工的技术技能和创新能力。特别是需要培养一批懂技术、懂管理的复合型人才，推动企业的智能化转型。此外，企业还需要营造良好的创新氛围，鼓励员工积极参与创新活动，激发员工的创造力和主动性。

5. 推动产业链协同创新

服装制造业的智能化转型需要上下游产业链的协同创新。企业可以与供应商、客户和科研机构等建立紧密的合作关系，推动产业链的协同发展。例如，通过与供应商合作，企业可以实现原材料的智能采购和库存管理；通过与客户合作，企业可以实现产品的个性化定制和快速交付；通过与科研机构合作，企业可以引进先进的技术和管理理念，提高自身的创新能力。

6. 加强信息化基础设施建设

信息化基础设施是智能化转型的重要保障。企业需要加强信息化基础设施建设，构建高效、安全的网络和信息系统。例如，企业可以建立企业资源计划（ERP）系统，实现对企业资源的全面管理；建立客户关系管理（CRM）系统，提高客户服务水平；建立供应链管理（SCM）系统，实现供应链的高效协同。此外，企业还需要加强信息安全管理，确保企业数据的安全和稳定。

服装制造业的智能化转型是一个系统工程，需要企业在技术、组织和业务流程等多个方面进行全面升级。通过设备和技术升级、构建智能制造系统、推动业务流程再造、加强人才培养、推动产业链协同创新和加强信息化基础设施建设，企业可以实现智能化转型，提高生产效率、降低成本、提升产品质量和市场竞争力，为企业的可持续发展奠定坚实基础。

（三）工业 4.0 在服装制造过程中的具体应用

工业 4.0 在服装制造过程中得到了广泛应用，涵盖了从生产设备的智能化管理到整体生产流程的优化。以下是具体的企业应用案例，以展示这些技术如何变革服装制造业。

1. 物联网在服装制造中的应用

物联网技术通过将生产设备、系统和人员连接起来，实现了信息的实时传输和共享。例如，华孚时尚公司在其生产线上广泛应用物联网技术，通过在缝纫机、裁剪机和熨烫机上安装传感器，实时监测设备运行状态和生产参数。这种实时监控系统不仅能提前发现设备故障并进行预防性维护，还能优化生产流程，提高整体生产效率。福克斯公司在其智能工厂中利用物联网技术实现了对设备和生产线的实时监控。通过在设备上安装传感器，工厂管理人员可以实时获取设备的运行数据和生产状况，及时发现并处理潜在的问题，避免生产中断。这样不仅提高了生产效率，还确保了产品质量的稳定性。

2. 大数据在服装制造中的应用

大数据技术通过对大量数据的收集和处理，为制造企业提供科学的决策支持。例如，海澜之家利用大数据技术分析消费者的购买行为和市场趋势，优化生产计划，避免库存积压或短缺。通过数据分析，海澜之家能够精准预测市场需求，调整生产策略，确保产品供应链的高效运转。此外，大数据还用于监测生产过程中的异常情况，提高产品质量和生产效率。Ministry of Supply 这家位于波士顿的服装公司利用大数据技术分析消费者的体温分布，结合 3D 打印和 3D 编织技术，生产出定制化的夹克、衬衫和连衣裙等。这些服装不仅符合每位顾客的体温调节需求，还在生产过程中实现了零浪费。

3. 人工智能在服装制造中的应用

人工智能技术在服装设计、生产和质量检测等环节中发挥着重要作用。例如，博柏利（Burberry）利用人工智能技术分析消费者行为和偏好，优化产品设计和营销策略。通过 AI 算法，公司能够快速识别市场趋势和消费者喜好，调整产品设计和生产计划，提升市场响应速度。同时，莱卡公司（The Lycra Company）也通过 AI 技术优化生产流程。利用机器学习算法，莱卡公司能够预测生产过程中的潜在问题，提前进行调整和优化，提高生产效率和产品质量。AI 技术的应用不仅降低了生产成本，还提升了企业的竞争力。

4. 云计算在服装制造中的应用

云计算技术通过提供强大的计算能力和存储资源，支持制造企业进行大规模数据处理和复杂计算。例如，安踏通过云计算平台整合全球生产基地的数据，实现对生产流程的统一管理和优化调度。云计算平台不仅提高了生产效率，还增强了耐克应对市场变化的能力。

5. 增强现实与虚拟现实在服装制造中的应用

增强现实与虚拟现实技术主要应用于设计、培训和维护等环节。例如，设计师通过 AR 眼镜进行虚拟试衣和设计评审，提高设计效率和准确性。李宁利用增强现实技术进行产品设计和虚拟试衣，帮助设计师在虚拟环境中查看设计效果，并进行实时修改和优化，提高设计效率。

工业4.0在服装制造过程中的具体应用，显著提升了生产效率和产品质量，增强了企业的市场竞争力和创新能力。通过物联网、大数据、人工智能、云计算和增强现实与虚拟现实等技术的集成应用，服装制造企业实现了智能化、数字化和网络化的全面升级，为行业的可持续发展提供了强有力的技术支撑。

三、全球服装制造业发展趋势

（一）国际先进服装制造企业的智能化发展

随着工业4.0的不断推进，全球先进服装制造企业纷纷采用智能制造技术，提高生产效率、产品质量和市场响应能力。智能制造技术的应用涵盖物联网、大数据、人工智能、云计算、机器人技术和增强现实与虚拟现实等多种先进技术，这些技术的集成应用推动了服装制造业的深刻变革。全球领先的服装制造企业，通过大规模应用智能制造技术，实现了生产过程的数字化和智能化。物联网技术的应用使设备和生产线之间能够实现实时数据交换和监控，提高了生产的灵活性和效率。大数据分析技术帮助企业预测市场需求，优化生产计划，减少库存积压和浪费。人工智能技术则在设计、生产优化和质量控制中发挥重要作用，显著提高了生产的精准度和效率。此外，这些企业还积极构建智能制造平台，整合设计、生产、物流和销售全流程的数据，通过云计算和大数据技术实现全局优化。增强现实与虚拟现实技术的应用则使设计、培训和维护等环节提高了效率和准确性。

1. 德国服装制造企业的智能化与绿色转型实践

（1）雨果博斯（Hugo Boss）智能工厂的数字孪生与自动化应用。雨果博斯在德国梅青根总部建立了高度智能化的服装制造工厂，率先将工业4.0理念应用于服装产业，通过自动化设备、数字孪生系统和云平台，构建出高效协同的智能制造体系。工厂引入了柔性自动裁剪机、机器人缝纫系统与智能搬运设备，实现了大部分生产环节的自动化。同时，通过数字孪生技术，雨果博斯为每条生产线创建虚拟模型，实时采集设备运行状态、物料消耗和质量监测数据，预测潜在故障并提前干预。例如，在面料裁剪环节，系统通过视觉传感器识别面料瑕疵并自动报警，有效降低废料率。缝纫环节通过机器人根据面料材质自动调整缝纫参数，提升生产一致性。通过云端系统，管理者可实时查看订单、生产和物流数据，提高整体响应速度。据统计，智能化升级后工厂生产效率提升35%，定制服装交货期缩短至1~2周，库存减少30%，碳排放降低超过20%。

（2）德国纺织和纤维研究所（DITF）的中小企业智能制造赋能。德国DITF为众多中小型服装企业提供智能制造与绿色转型支持，特别是在物联网、再生纤维和能源管理技术方面提供落地解决方案。DITF帮助企业构建统一的数字平台，将设备联网并实现数据实时监控。例如，巴符州一家中型服装厂在DITF支持下部署工业物联网系统，设备运行效率提高20%，缺陷率降低15%。同时，DITF推广废旧纺织品再生技术，实现高比例材料循环利用。斯图加特某企业通过与DITF合作，旧衣回收率达90%，碳排放显著降低，并配合智能能源系统优化设备功耗，平均节能10%~15%。

2. 意大利服装制造企业的智能与柔性发展路径

（1）布鲁诺·库奇利（Brunello Cucinelli）的"人文工业4.0"实践。布鲁诺·库奇利在翁布里亚工厂融合智能技术与传统工匠文化，打造兼顾自动化与手工精度的柔性制造模式。公司引入智能排产与物料追踪系统，结合AI分析预测订单趋势，提升计划响应速度。例如，公司通过AI驱动的生产排程系统，根据面料种类与客户个性化要求，智能安排工序与物料配送。在执行层面，关键缝制环节仍由经验工匠完成，确保产品精度和品牌调性。整个供应链通过射频识别（RFID）实现全过程追踪。数字化转型帮助该公司将高端定制服装交付周期控制在2~3周内，库存周转效率提升

25%，并保持产品一致性与独特性。

（2）意大利国家时装商会（CNMI）的绿色时尚机制。CNMI主导制定绿色时尚评价体系，推动再生面料、环保认证与节能生产流程在意大利服装企业中的广泛应用。旗下多家品牌引入"橘皮纤维"等生物基面料，并配合智能监测系统对能耗与碳足迹进行动态管控。例如，米罗利奥集团（Miroglio Group）采用闭环再生系统，再生纤维比例超过40%。在环保控制方面，企业使用智能能源平台进行耗能预测与用电调配，实现碳排放年均下降10%以上。这些措施帮助意大利服装业形成"小批量、多样化、快反应、低排放"的制造模式，兼顾时尚敏捷性与环保责任。

3. 美国服装制造企业的数字化与绿色制造案例

（1）李维斯（Levi Strauss & Co.）的智能工厂与增强现实培训系统。李维斯在全球多个工厂部署了基于云平台的大数据管理系统，实现从设计、生产到销售的全过程数据整合。该系统通过AI分析优化生产节奏与库存预测，提升工厂响应速度。李维斯在其智能平台中加入实时生产监控模块，使管理者可根据订单波动快速调整生产计划，降低滞销与库存积压。同时，公司引入AR与VR技术进行员工培训与设备维修，员工可在虚拟环境中学习操作流程，提升技能并减少误操作。该系统有效提高了生产灵活性与人员效率，同时也减少了设备损耗与非计划停工时间。

（2）巴塔哥尼亚（Patagonia）的数字可追溯平台与智能能耗管理。巴塔哥尼亚在其服装制造中部署了全面的原材料可追溯系统和能耗管理平台。通过物联网传感器和RFID标签，公司可以追踪面料的来源、运输路径与环保合规状态。同时，公司在生产基地安装智能水资源控制系统和能源回收模块，实现水电资源的最优调配。例如，某染整车间通过该系统提升水循环利用率至85%以上，显著降低环境影响。此外，公司运用AI优化库存结构，并在员工培训中引入VR模拟系统，以提升环保操作规范。整体系统帮助巴塔哥尼亚构建全生命周期的可持续生产闭环。

（3）革新时尚（Reformation）的绿色智能工厂与数据标签系统。Reformation 在洛杉矶设有数字化绿色工厂，使用集中式平台整合排产、物流、能耗与环保指标。工厂引入能效分析系统及光伏能源，30% 能源来自可再生资源。在材料管理方面，智能系统自动匹配环保等级材料与设计款式，优化利用率并减少废料。每件产品附带"环保标签"，展示碳排放、水耗等指标，通过大数据平台做全生命周期评估。同时，Reformation 还使用 AR 技术进行操作培训，减少能耗偏差与操作差错，为快时尚行业树立绿色转型新范例。

（4）科尚服饰（Ministry of Supply）：科技与环保驱动的创新型品牌。Ministry of Supply 成立于美国波士顿，是一家将"科技+时尚"理念深度融合的创新服装品牌。公司由麻省理工学院的工程师创立，致力于将航天、3D 打印、智能控制等技术引入日常服装制造，其产品具有高度舒适性、环保性和功能性。Ministry of Supply 是全球最早将 3D 打印技术应用于日常服装制造的品牌之一。其"Seamless Knit Blazer"等服装产品采用无缝 3D 编织技术，仅用一台机器、一段时间，即可完成整个衣物的打印制造。这一技术不仅减少了传统裁剪所造成的面料浪费，还显著缩短了生产周期，生产废弃率降低超过 30%，生产能耗下降 40% 以上。且因技术支持个性化数据输入，顾客可在线输入尺寸与偏好，实现真正意义上的按需定制。公司开发了"智能温控服装"，其面料可以根据环境温度和人体温度的变化进行自动调节。该技术基于美国航空航天局（NASA）航天员服装的温控原理，材料具有储热/释热能力，让穿着者始终保持舒适体感。部分产品内嵌传感器模块，能追踪使用者的活动数据，并通过智能手机与云端连接，实现"服装+健康监测"的一体化体验。Ministry of Supply 在材料使用方面也追求极致环保，90% 以上产品使用的是再生聚酯纤维和天然有机棉。包装材料也采用 100% 可回收环保纸，甚至支持"旧衣回收"计划，顾客可将旧衣寄回，由公司再利用或环保处理。

4.法国服装制造企业的智能化与可持续实践

（1）拉科斯特（Lacoste）的智能供应链与循环材料系统。拉科斯特作为法国代表性服装品牌之一，积极推进数字化供应链管理和可持续材料策略，在其欧洲与北非工厂部署了基于物联网和云计算的制造管控平台，实现订单、生产和配送数据的全流程集成。该系统通过自动捕捉库存、运输与产能数据，利用 AI 算法优化原料采购与生产排期，从而降低滞销风险和物料浪费。例如，系统根据门店销售动态自动生成补货订单，并实时同步至工厂排产模块，提高供需匹配效率。

在材料方面，拉科斯特投入开发循环棉和有机棉混纺面料，并搭配再生聚酯纤维用于其经典 POLO 衫系列。公司还引入碳足迹评估平台，对产品进行生命周期评估（LCA），作为绿色标签信息向消费者公开。通过这些措施，拉科斯特在近三年内将服装单位产品的碳排放降低了 22%。

（2）小帆船（Petit Bateau）的生态工厂与可追溯生产模式。小帆船是法国百年童装品牌，近年来在法国特鲁瓦工厂实施"生态智能工厂"转型项目，重点通过信息化系统提升资源使用效率与环境合规管理能力。该工厂部署了节能照明、智能通风与水资源回收系统，并搭建数字能源平台实时监测用水、电力和碳排数据。平台与 ERP 系统联通，支持生产计划与能耗指标动态联动调整。此外，小帆船建立"可追溯制造平台"，通过区块链与 RFID 技术，记录每件产品的原料产地、染整方式与制造工厂，消费者可扫码查看。该平台提升了品牌透明度与绿色信誉，同时也帮助企业获得多项欧盟绿色认证（如 OEKO-TEX、GOTS 等）。公司统计数据显示，项目实施两年后，水耗降低约 35%，能源成本减少 20%，产品召回率下降超过 50%，生产过程合规率显著提升。

（3）开云（Kering）集团旗下品牌的数字可持续系统。开云集团是法国奢侈品行业龙头，旗下包括古驰（Gucci）、圣罗兰（Saint Laurent）、巴黎世家（Balenciaga）等高端品牌。集团在全球范围内部署了 EP&L

（environmental profit and loss）环境盈亏系统，用于追踪和评估所有品牌在供应链各环节的环境影响。EP&L 系统基于大数据平台，将原材料开采、运输、加工到终端销售的碳排放、水耗、土地使用等影响转化为可量化的"环境成本"，并在品牌设计与决策过程中提供反馈。例如，设计师在选择材料前可通过系统预览各材料的环境成本对比，以指导低碳选材。同时，开云集团在智能制造端导入可再生能源、AI 预测库存模型与循环材料管理机制，推动各品牌迈向低碳时尚。古驰在其意大利与法国工厂实现了 95% 以上的可再生电力使用比例，并将生产剩余皮革通过"Gucci Off The Grid"系列再设计利用。通过 EP&L 系统，开云集团实现了全集团年均碳足迹透明化披露，并将环境绩效纳入高管绩效考核。

5. 日本服装制造企业的智能化与绿色制造实践

（1）峰工株式会社（Minebea）旗下服装科技（ApparelTech）的智能缝纫与生产追踪系统。服装科技是日本峰工集团专注于高端服装制造智能化设备开发的子公司，主要服务于西装、制服和定制服装领域。该公司在其神户生产基地部署了智能缝制设备、物联网监控与实时追踪系统，建立起高度协同化的智能生产网络。系统通过连接缝纫机、裁剪机和物流单元，实现设备状态与工艺流程的实时数据采集，并利用 AI 算法对缝制异常、生产瓶颈进行动态优化。例如，系统可自动识别缝纫线张力不均、操作误差等问题并提醒技术员介入，显著降低瑕疵率。此外，公司开发的生产追踪平台"SmartTag"利用 RFID 与二维码混合识别，实现服装从裁片到出货的全流程追溯，提升定制化响应能力。系统与客户订单系统联动，可快速调整样式、工艺与交付时间。该工厂在导入智能系统一年后，产品一致性提高 22%，返修率降低 30%，交货周期平均缩短至原来的 60%，大幅提升客户满意度。

（2）岛村（SHIMAMURA）服装的区域快速反应机制与平价绿色供应链。岛村是日本本土最大的平价服饰连锁品牌之一，主打家庭日常穿着与

"高性价比"路线。企业建立了"区域密集型物流+快速反应生产"的高效系统，重点服务日本中小城市与郊区市场。

其仓储系统以区域配送中心为核心，每天接收门店销售数据，配合简易的生产订单系统，实现每周多次小批量配送。供应商多位于日本与东亚国家，强调"短链+低成本+高效率"的生产合作模式。为降低碳足迹与能耗，公司在所有配送中心启用智能电力系统，并在部分门店引入太阳能装置，实现局部自给自足。在产品端，岛村推出"eco life wear"系列，采用染整过程节水30%以上的新型环保面料，受到广大家庭消费者欢迎。品牌虽不追求高频创新，但通过对库存周转率与地区消费数据的精准掌握，实现"稳定+高周转"的双赢格局，展示了日本平价时尚品牌在绿色转型中的本土智慧。

（3）无印良品（良品计划）的可持续设计理念与本地化生产链布局。无印良品由良品计划公司经营，虽起初主打生活杂货，但服饰业务逐年壮大，现已成为日本简约风服装的重要代表。公司秉持"从原材料开始考虑"的产品哲学，在服装生产中优先使用有机棉、再生聚酯纤维等环保面料，并与亚洲多个工厂建立长期合作关系，推动原地采购、原地生产以减少运输碳排放。无印良品采用"计划型生产"模式，结合门店销售反馈与顾客调研数据调整订单批次，避免高频上新与过度生产。其中国市场实行区域性分仓与本地化供应链，核心商品在90天内即可完成从设计到上架。

此外，公司在全球门店推行"回收再造计划"，鼓励顾客捐赠旧衣，部分商品如牛仔裤、棉衬衫将被拆解、清洗并再制为新材料，用于再生布袋与商用纤维。该计划配合碳足迹计算系统，目前已在中国、日本和欧洲同时运作，2023年度减少纺织废弃物达1200吨。无印良品凭借其"简约即可持续"的服装策略，成为亚洲市场绿色设计的典范。

（4）TSI控股集团（TSI Holdings）的多品牌绿色策略与数字驱动仓配体系。TSI控股集团是日本多品牌服饰集团，旗下拥有自然美学基础

（NATURAL BEAUTY BASIC）、纳米宇宙（nano·universe）、吉尔斯图尔特（JILL STUART）等多个风格化女装品牌。公司通过整合型平台运营，推动旗下品牌共用供应链系统与仓配资源，显著提高运营效率并减少冗余碳排放。

集团开发了一套"绿色统一采购平台"，将面料采购、工艺标准与碳排放指标嵌入产品开发流程中。2023年起，该平台要求80%以上的产品需符合环保材质要求，包括BCI棉、有机棉、环保染料等。

在物流方面，TSI采用数字化库存算法动态匹配各门店需求，结合AI路径规划与集中运输机制，2023年度运输效率提升17%，碳排放减少约12%。同时，nano·universe品牌主导推出了"衣物租赁服务"，消费者可通过App选择限量单品按月订阅，大幅度减少服装闲置率。这一模式受到年轻消费者群体欢迎，并引发其他子品牌效仿。TSI的绿色战略通过平台化、数字化与新消费模式创新，构建出一个多元化、可持续的现代服装生态圈。

6. 中国服装制造企业的智能化与绿色转型探索

在全球绿色与智能制造加速融合的背景下，越来越多中国本土服装制造企业也在积极响应"双碳"目标与"制造强国"政策导向，迈出智能化与绿色化协同发展的步伐。部分龙头企业已初步建立起涵盖智能排产、绿色材料、数字平台与碳足迹追踪的转型路径，在国际竞争中逐步形成中国模式的雏形。

（1）波司登：智能工厂与"零碳试点"并行推进。作为中国羽绒服行业的领军企业，波司登近年来持续推进智能化技术与绿色制造系统的协同布局。在江苏常熟的智能制造中心，企业已部署MES生产执行系统、智能仓储系统与AI质检模块，实现了从订单生成、自动裁剪、智能缝制到成品入库的全过程数字化管理。该智能工厂在2023年被中华人民共和国工业和信息化部评为"国家级绿色工厂"。

在绿色转型方面，波司登于2022年启动"零碳制造基地"建设计划，通过引入绿色电力采购、分布式光伏发电系统、碳足迹管理平台等措施，在2024年实现基地碳排放年均下降18%。企业同时引入LCA评估模型，对羽绒来源、化纤使用、水资源使用量等环节进行全生命周期监测，并在部分产品上尝试张贴"绿色标签"，向国际绿色供应链标准靠拢。

（2）森马集团：海外智能产能与绿色材料协同布局。作为中国大众服饰领域的重要品牌，森马近年来积极布局东南亚生产基地，以分散劳动力成本压力并提升智能制造能力。越南基地已配备AI智能排产平台、自动物流与环境感应系统，实现了以订单为核心的弹性制造模式。同时，基地使用的部分面料已通过OEKO-TEX、GRS等国际环保标准认证。

在国内，森马推动"绿色材料中心"建设，联合国内高校和纺织研究机构开发可降解纤维与水循环染整工艺，预计2025年将实现50%以上产品线使用环保面料。其"SEMR环保系列"产品在天猫旗舰店上线后受到年轻消费者好评，成为品牌绿色转型的亮点尝试。

（3）歌力思集团：数字孪生与低碳设计一体化探索。高端女装品牌歌力思集团近年来在深圳总部打造数字孪生实验工厂，搭建融合设计、生产、营销的数字化平台。通过构建虚拟服装样衣与实时工艺模拟系统，企业在研发阶段即可完成90%以上的产品预览与工艺评估，大幅降低样衣打样和物料浪费。

在绿色转型方面，歌力思着力推动"低碳设计"理念的实践，从源头减少材料浪费与能源消耗。部分系列产品采用再生涤纶、竹纤维等低碳原材料，并在生产工艺中引入节能型蒸汽发生系统和水资源再利用设施。据集团年报披露，其碳排强度已连续三年下降10%以上。

（二）国内服装制造业的发展现状与挑战

1. 发展现状

中国是全球最大的服装制造国和出口国之一，占全球服装出口市场的近三分之一。其庞大的生产能力和完善的产业链为其在国际市场上赢得了重要地位。2023年，中国的服装产量仍然庞大，但增长速度有所放缓。中国的许多服装制造企业正在积极采用智能制造技术，以提高生产效率和产品质量。例如，许多企业引入了自动化裁剪机、智能缝纫机和机器人技术，实现了生产过程的部分或全自动化。此外，物联网、大数据和人工智能等技术的应用也在逐步推广，帮助企业优化生产流程，加快市场响应速度。随着国内消费水平的提高和中产阶级的扩大，中国的服装市场需求日益增长。消费者对高质量、时尚和个性化服装的需求推动了行业的持续发展。同时，电商平台的兴起和物流网络的完善，使线上销售成为主要的消费渠道之一。

2.主要挑战

（1）劳动力成本上升。尽管中国仍然拥有庞大的劳动力规模，但劳动力成本的持续上升正在削弱其在低成本制造方面的竞争优势。这迫使许多企业将部分生产环节转移到劳动力成本更低的国家，如越南、孟加拉国和印度等。

（2）环境压力和可持续发展要求。服装制造业对环境的影响巨大，包括高耗能、废水排放和废弃物处理等问题。随着全球对环境保护的关注度提高，中国政府也在加强环境监管，要求企业采用更为环保的生产技术和材料，这给企业带来了新的成本和技术挑战。

（3）市场竞争加剧。随着全球服装制造业的转移和其他新兴市场国家的崛起，中国的服装制造企业面临着日益激烈的国际竞争。新兴市场国家凭借低廉的劳动力成本和政策支持，吸引了大量的国际订单，给中国企业带来了压力。

3.应对策略

（1）技术升级和智能化转型。企业需要加大在智能制造技术方面的投资，提高生产自动化水平，降低生产成本，并提高产品质量和生产效率。

通过引入先进的生产设备和管理系统，实现数字化和智能化的全面转型。

（2）提升环保和可持续发展能力。企业应积极采用环保技术和材料，优化生产工艺，减少对环境的影响。此外，企业可以通过加强环境管理体系建设，提升环保合规能力，增强市场竞争力。

（3）优化供应链管理。企业需要构建更加灵活和抗风险的供应链管理体系，减少对单一市场的依赖，分散供应链风险。通过加强与上下游企业的合作，构建稳固的供应链网络，提高供应链的稳定性和响应能力。

（4）市场多元化和品牌建设。企业应积极拓展国际市场，特别是新兴市场，分散市场风险。同时，通过提升产品设计和品牌建设，提高产品附加值，增强国际市场竞争力。

总之，中国服装制造业在面对挑战的同时，也有巨大的发展潜力和空间。通过技术升级、绿色发展和供应链优化，企业可以在激烈的市场竞争中保持优势，实现可持续发展。

（三）未来发展趋势预测

未来，全球服装制造业将继续向智能化、数字化和可持续发展的方向迈进。工业4.0的普及将推动智能制造成为主流，物联网、人工智能、大数据和机器人技术将在生产流程中得到广泛应用。这些技术的集成应用将大大提高生产效率和产品质量。企业将投资智能工厂建设，通过实时数据分析和智能决策支持系统，实现生产流程的全面优化和自动化。可持续发展和绿色制造也将成为服装制造业的重要趋势。随着全球对环境保护的关注不断增加，企业将采用更加环保的生产技术和材料，如再生纤维和绿色染色技术，减少对环境的影响。政府和消费者对环保的重视将推动企业加快绿色转型，提升其环境管理水平和社会责任感。此外，消费者对个性化和定制化产品的需求日益增长，也促使服装制造企业调整生产模式。大规模定制化生产（mass customization）将成为未来的趋势，通过智能设计系统和灵活的生产线，企业能够快速响应市场需求，为消费者提供定制化的服装产品。这不仅满足了消费者的个性化需求，还增加了产品附加值。全球供应链的优化和灵活性提高将是未来的重要发展方向。企业将分散供应链风险，构建多元化的供应链网络，提高供应链的稳定性和应对突发事件的能力。

总之，未来的服装制造业将向更加智能化、绿色化和个性化的方向发展。通过技术创新和管理优化，企业将提升生产效率和产品质量，实现可持续发展，为全球服装市场带来更多高附加值的产品和服务。

第二节 辽宁省服装制造业的现状

一、辽宁省服装制造业概述

（一）历史与发展

辽宁省位于中国东北地区，具有得天独厚的地理位置和资源优势，是中国重要的工业基地之一。服装制造业作为辽宁省的传统优势产业，经历了从起步、发展、壮大到转型升级的全过程。

1. 起步阶段（1949—1978 年）

中华人民共和国成立初期，辽宁省的服装制造业还处于起步阶段。由于历史原因，当时的服装制造业基础薄弱、生产设备陈旧、技术水平落后。辽宁省通过引进苏联的先进设备和技术，开始了现代服装制造业的建设。沈阳、大连、鞍山等城市逐渐成为服装制造业的中心，主要生产军用和民用服装，以满足国内市场的基本需求。

2. 发展阶段（1979—1990 年）

改革开放初期，辽宁省的服装制造业进入快速发展阶段。随着市场经济体制的逐步确立，辽宁省服装制造业迎来了发展机遇。大量民营企业进入服装制造领域，生产规模不断扩大，产品种类也逐渐丰富。这一时期，辽宁省的服装企业通过学习国外先进的生产管理经验，引进先进设备和技术，生产效率和产品质量显著提高，逐渐在国内市场上占据一席之地，到1985年辽宁省服装产量达到了1.2亿件，占全国总产量的12%。

3. 壮大阶段（1991—2010年）

20世纪90年代至21世纪初，辽宁省服装制造业进入壮大阶段。我国加入世界贸易组织后，辽宁省的服装制造企业加快了国际化步伐，积极开拓国际市场，出口量大幅增加。特别是大连市，成为中国服装出口的重要基地之一。这一时期，辽宁省的服装制造企业通过技术改造和品牌建设，提升了产品的附加值和市场竞争力。大连国际服装节成为展示辽宁省服装制造业实力的重要平台，吸引了大量国内外客商，到2005年，大连市服装出口额达到了50亿美元，占全国服装出口总额的8%。

4. 转型升级阶段（2011年至今）

进入21世纪第二个十年，辽宁省的服装制造业面临着劳动力成本上升、市场竞争加剧和环保压力等挑战。为了应对这些挑战，辽宁省的服装制造企业开始积极推动转型升级。主要措施如下。

（1）技术升级和智能制造。企业加大对智能制造技术的投资，引进自动化生产设备和智能管理系统，提高生产效率和产品质量。例如，大连的一些服装企业通过引入工业机器人和智能裁剪系统，实现了生产过程的部分或全自动化。

（2）品牌建设和市场拓展。企业注重品牌建设，提升产品附加值。通过参加国内外服装展览会，扩大品牌影响力。同时，积极开拓国内外市场，特别是电商渠道的发展，为企业带来了新的利润增长点。2018年，辽宁省服装企业通过电商平台实现了200亿元销售额，占全省服装销售总额的25%。

（3）绿色生产和可持续发展。面对日益严格的环保法规和消费者对环保产品的需求，企业积极采用环保材料和绿色生产工艺，减少对环境的影响。例如，一些企业通过使用再生纤维和水溶性染料，减少了生产过程中对资源的消耗和污染，截至2019年，辽宁省50%以上的服装企业通过了ISO 14001环境管理体系认证。

（4）产业集群和协同创新。辽宁省政府积极推动服装制造业的产业集群建设，形成了以沈阳、大连、鞍山为中心的产业集群。这些产业集群通过资源共享和协同创新，提高了整个产业链的竞争力。例如，大连市政府通过建设服装产业园区，吸引了大量上下游企业入驻，形成了完整的产业链。截至2021年，大连服装产业园区总产值达到了300亿元。

辽宁省服装制造业转型升级的典型案例分析如下。

（1）大连恒日达服装有限公司。大连恒日达服装有限公司是一家以出口为主的服装制造企业，经过多年的发展，已经成为辽宁省服装制造业的龙头企业之一。恒日达公司通过引进日本、德国等国家的先进设备和技术，不断提升生产工艺和产品质量。公司还积极开拓国际市场，产品出口到美国、欧洲、日本等多个国家和地区。为了应对市场变化，恒日达公司还通过电商平台开拓国内市场，实现了线上线下的双轨发展。

（2）沈阳众鑫缘服装有限公司。沈阳众鑫缘服装有限公司是一家以生产高端职业装和定制服装为主的企业。公司注重品牌建设，通过参加国际服装展览会和品牌推介活动，提升品牌知名度和市场影响力。众鑫缘公司还通过引入智能制造技术，优化生产流程，提高生产效率和产品质量，实现了从传统制造向智能制造的转型升级。

辽宁省服装制造业在历史发展的各个阶段，始终坚持技术创新和市场开拓，不断提升产业竞争力。在未来，随着智能制造技术的进一步普及和应用，辽宁省的服装制造业将继续向高质量发展和可持续发展方向迈进，为中国和全球市场提供更多优质的服装产品。

（二）产业规模和主要分布区域

辽宁省的服装制造业是中国重要的工业产业之一，经过多年的发展，形成了庞大的产业规模和集群效应。以下是对辽宁省服装制造业的详细分析，包括产业规模和主要分布区域。

1. 产业规模

辽宁省的服装制造业在国内外市场占据重要地位。辽宁省纺织服装行业在2024年实现了显著增长。数据显示，2024年辽宁省地区生产总值增长5.1%，已连续8个季度超过全国平均增速。目前，辽宁省纺织行业整体规模已超过千亿级，规模以上纺织企业在2024年实现工业总产值同比增长6.8%。据统计，2024年辽宁省服装制造业总产值达到2200亿元，占全省工业总产值的16%。其中，出口额约为900亿元，占全国服装出口总额的8.5%。全省共有服装企业超过3100家，规模以上企业超过1050家，年产各类服装约16.2亿件。这些企业主要集中在大连、沈阳、鞍山、丹东、锦州和营口等地，形成了完整的产业链。辽宁省拥有众多服装制造企业，涵盖从纺织、染整到成衣制造的全产业链。这些企业通过不断引进先进设备和技术，提高了生产效率和产品质量。例如，大连市的一些服装企业通过引入自动化裁剪机和智能缝纫机，实现了生产过程的部分或全自动化，显著提升了生产效率和产品质量。服装制造业是辽宁省的重要就业行业，提供了大量的就业岗位。这一庞大的就业群体不仅为当地经济发展做出了重要贡献，也为社会稳定提供了保障。辽宁省的服装制造企业生产的产品种类繁多，包括男女时装、童装、运动装、职业装、休闲装等多个系列。特别是在高端职业装和定制服装领域，辽宁省的一些企业已经具备了较强的市场竞争力，产品远销欧洲、美国、日本等地。

2. 主要分布区域

辽宁省的服装制造业主要集中在以下区域。

（1）大连市。大连市是辽宁省乃至全国重要的服装制造基地之一。大连市拥有较为完善的服装制造产业链，从纺织、染整到成衣制造，各个环节都有大量企业参与。大连市还拥有多个大型服装产业园区，如大连逅库创意产业园和大连高新技术产业开发区服装工业园区。这些园区吸引了众多国内外知名服装企业入驻，形成了集研发、设计、生产、销售于一体的产业集群。2024年，大连市服装产业总产值达到880亿元，占全省服装产业总产值的40%。

（2）沈阳市。沈阳市是辽宁省的省会，也是重要的工业城市。沈阳的服装制造业主要集中在铁西新区。沈阳市政府通过实施"制造业强市"战略，积极推动传统制造业的转型升级，服装制造业在这一过程中受益匪浅。2024年，沈阳市服装制造业总产值达到550亿元，占全省服装产业总产值的25%。

（3）鞍山市。鞍山市是辽宁省的重工业基地，同时也是重要的服装制造中心。鞍山市的服装企业主要集中在鞍山高新技术产业开发区和海城市产业园区。鞍山的服装企业多以生产中低端产品为主，但近年来也在积极进行技术改造，提升产品附加值。2024年，鞍山市服装制造业总产值达到330亿元，占全省服装产业总产值的15%。

（4）丹东市。丹东市是辽宁省的一个重要户外服装产业集群之一。该集群以生产和销售户外服装为主要特色，涵盖了从设计、研发、生产到销售等全产业链。丹东市的户外服装产业集群拥有一批具有技术实力和专业经验的企业。这些企业在原材料采购、设计创新、生产制造等方面积累了丰富的经验，能够提供高质量、多样化的户外服装产品。在原材料方面，丹东市的户外服装企业广泛采用优质防水透气面料、保暖绝缘内衬材料以及耐磨抗撕裂面料等高性能材料，确保产品具备良好的环境适应性和功能性。在设计与制造方面，丹东市拥有一支专业化团队，可以根据不同季节和消费者需求进行定制化设计，并结合先进生产设备实现快速响应和灵活生产。丹东市作为辽宁省重要的户外服装产业集群之一，在技术实力、产品品质和品牌影响力等方面都有较强竞争力。未来还将继续加大创新投入和国际合作交流，以进一步提升整体行业水平。

（5）锦州市。锦州市的服装制造业主要集中在锦州经济技术开发区。锦州市政府通过实施招商引资政策，吸引了大量外资服装企业入驻，形成了较为完整的服装产业链。2024年，锦州市服装制造业总产值达到220亿元，占全省服装产业总产值的10%。

（6）营口市。营口市是辽宁省的重要港口城市，服装制造业也是其重要产业之一。营口市的服装企业主要集中在营口经济技术开发区。营口市通过发展港口物流和加工制造，形成了独特的服装制造产业模式。2024年，营口市服装制造业总产值达到220亿元，占全省服装产业总产值的10%。

辽宁省的服装制造业在历史发展的各个阶段，始终坚持技术创新和市场开拓，不断提升产业竞争力。在未来，随着智能制造技术的进一步普及和应用，辽宁省的服装制造业将在继续保持良好发展态势的同时，向更高质量、更高附加值和更加绿色环保的方向迈进，为中国和全球市场提供更多优质的服装产品。

（三）主要企业和品牌介绍

辽宁省的服装制造业不仅规模庞大，还涌现出了一批在国内外享有盛誉的企业和品牌。这些企业在推动辽宁省服装制造业发展方面发挥了重要作用。

1. 辽宁时代万恒股份有限公司

辽宁时代万恒股份有限公司是辽宁省服装制造业的代表企业之一。公司成立于1999年，主要从事高端职业装、定制服装及防护服的设计与制造。经过多年的发展，时代万恒已经建立了完善的生产和质量控制体系。公司拥有先进的生产设备和技术，产品远销欧洲、美国、日本等多个国家和地区，年产值达到20亿元。

2. 大连恒日达服装有限公司

大连恒日达服装有限公司是一家以出口为主的服装制造企业，成立于1995年。公司通过引进日本、德国等国家的先进设备和技术，不断提升生产工艺和产品质量。恒日达公司积极开拓国际市场，产品出口到美国、欧洲、日本等多个国家和地区。

3. 沈阳众鑫缘服装有限公司

沈阳众鑫缘服装有限公司是一家以生产高端职业装和定制服装为主的企业。公司注重品牌建设，通过参加国际服装展览会和品牌推介活动，提升了品牌知名度和市场影响力。众鑫缘公司通过引入智能制造技术并优化生产流程，提高了生产效率和产品质量。

4. 大连大杨创世股份有限公司

大杨创世是一家知名的高端男装制造企业，成立于1992年。公司专注于高端男装的设计和制造，旗下品牌"大杨"在国内外市场享有盛誉。大杨创世通过与国际知名设计师合作，不断提升产品设计和品牌价值。公司拥有先进的生产设备和技术，产品主要销往欧美市场。

5. 锦州东方服装有限公司

锦州东方服装有限公司成立于1985年，是辽宁省重要的服装制造企业之一。公司主要生产男女时装、童装和运动装，产品种类丰富。东方服装通过不断进行技术改造和设备升级，提高了生产效率和产品质量。

6. 营口瑞丰服装有限公司

营口瑞丰服装有限公司是一家集设计、生产和销售于一体的现代化服装企业，成立于1992年。公司专注于中高端女装的设计和制造，产品风格多样，深受市场欢迎。瑞丰公司通过引入先进的生产设备和管理系统，实现了生产流程的自动化和智能化。

7. 大连华孚时尚股份有限公司

华孚时尚是辽宁省乃至全国知名的服装制造企业之一，成立于1993

年。公司主要从事高档时装和职业装的设计与生产，产品远销欧洲、美国、日本等地。华孚时尚通过引入智能制造技术和大数据分析，提高了生产效率和市场响应速度。

8. 沈阳金盾安防科技有限公司

金盾安防科技有限公司成立于2005年，专注于高性能防护服的设计和制造。公司产品广泛应用于消防、军警、工业等领域。金盾公司通过引进国外先进的防护材料和生产工艺，不断提升产品性能和质量。

9. 中纺丹东集团有限公司

中纺丹东集团是一家综合性纺织服装企业，拥有完整的纺织产业链和自主设计能力。旗下拥有多个知名品牌，涵盖男装、女装、童装、运动休闲等多个领域。

辽宁省的服装制造企业通过不断进行技术升级、品牌建设和市场开拓，形成了强大的竞争力和影响力。这些企业在推动辽宁省服装制造业发展的同时，也为中国乃至全球市场提供了优质的服装产品。随着智能制造技术的进一步普及和应用，辽宁省的服装制造企业将在未来继续保持良好的发展态势，为行业的可持续发展贡献力量。

（四）产业链各环节分析

辽宁省服装制造业产业链涵盖了从原材料供应到最终产品销售的多个环节。每一个环节在整个价值链中都扮演着至关重要的角色，以下是对辽宁省服装制造业各环节的详细分析。

1. 原材料供应

原材料供应是服装制造业的起点，主要包括纺织纤维、面料和辅料等。辽宁省的原材料供应主要依赖国内外市场。由于辽宁省本地的纺织原料生产能力有限，大部分高质量的纺织纤维和面料需要从其他省份或国外进口。例如，从江苏、浙江等纺织大省进口优质棉纱和合成纤维材料，以及从韩国、日本等国进口高端面料。

2. 面料生产

面料生产是将纺织纤维加工成面料的过程，包括纺纱、织布、染整等多个环节。辽宁省拥有多家大型纺织企业，如大连纺织集团有限责任公司和辽宁中泽纺织有限公司，这些企业具备先进的纺织设备和技术，能够生产出各种类型的面料，以满足不同服装制造企业的需求。2024年，辽宁省的面料生产总量达到5.5亿米，满足了省内大部分服装制造企业的需求。

3. 服装设计

服装设计是服装制造过程中的关键环节，决定了产品的风格、款式和市场定位。辽宁省的服装设计水平在国内处于领先地位，拥有众多知名的服装设计公司和设计师。大连工业大学服装学院是国内知名的服装设计院校，为行业输送了大量高素质的设计人才。这些设计人才不仅为省内企业提供设计服务，还通过国际设计竞赛和展览提升了辽宁服装设计在国际市场的影响力。

4. 服装生产

服装生产包括裁剪、缝纫、熨烫和包装等多个环节，是整个产业链中最核心的部分之一。辽宁省拥有众多现代化的服装制造企业，通过采用先进的生产设备和工艺，确保高效生产和高质量控制。例如，大连恒日达服装有限公司和沈阳众鑫缘服装有限公司等企业通过引进自动化裁剪机、智能缝纫机和机器人技术，实现了生产过程的高度自动化和智能化。

5. 品质控制

品质控制是确保服装产品符合标准和市场需求的重要环节。辽宁省的服装企业普遍建立了严格的质量管理体系，从原材料采购到成品出厂，各个环节都进行严格检测。例如，华孚时尚股份有限公司通过引进国际先进的质量检测设备和管理系统，确保每件产品都达到客户的质量要求。这些措施不仅提高了产品的市场竞争力，同时也提高了企业的品牌声誉。

6. 仓储与物流

仓储与物流是服装产业链中不可或缺的一环，负责成品的存储和运输。辽宁省的服装企业普遍采用现代化的仓储管理系统和高效的物流网络，以确保产品能够及时送至客户手中。例如，大连市的服装产业园区内设有大型物流中心，利用智能仓储系统和自动分拣设备，提高了物流效率，降低了运营成本。

7. 营销与销售

营销与销售是服装产业链的终端环节，直接影响产品的市场表现和企业的经济效益。辽宁省的服装企业通过多种渠道进行产品推广和销售，包括线下专卖店、商场、展览会以及线上电商平台等。例如，沈阳众鑫缘服装有限公司通过参加国内外服装展览会，扩大了品牌影响力，并通过电商平台拓展了销售渠道，2022年，线上销售额达到公司总销售额的30%。

辽宁省服装制造业的产业链各环节紧密相连，从原材料供应到最终的产品销售，每个环节都发挥着重要作用。通过技术升级和管理优化，辽宁省的服装企业在各个环节上都取得了显著进展，不仅提高了生产效率和产品质量，还增强了市场竞争力。未来，随着智能制造技术的进一步普及和应用，辽宁省服装制造业将在全国市场上继续保持领先地位。

二、辽宁省服装制造业的技术水平

（一）现有技术水平与国际水平对比

辽宁省的服装制造业经过多年的发展，在技术水平方面取得了显著进步，然而，与全球领先的服装制造业相比，仍存在一定差距。

1. 自动化和智能化生产

辽宁省的服装制造企业在自动化和智能化生产方面取得了长足进步。例如，大连恒日达服装有限公司通过引入日本和德国的先进设备，实现了生产过程的高度自动化和智能化。这些技术的应用大大提高了生产效率和产品质量，减少了人工成本和生产周期。然而，与国际领先的服装制造企业相比，辽宁省在智能制造技术的全面应用上仍有差距。例如，德国的雨果博斯通过物联网和大数据技术，实现了生产设备的实时监控和优化，提高了生产灵活性和响应速度。此外，国际企业在智能工厂建设方面投入巨大，通过全流程的数字化和智能化，实现了从设计到生产再到销售的全链条优化。

2. 生产管理和信息化水平

辽宁省的服装制造企业在生产管理和信息化水平方面也取得了显著进展。许多企业建立了现代化的生产管理系统和信息化平台，实现了生产过程的精细化管理和实时数据监控。例如，沈阳众鑫缘服装有限公司通过引入ERP系统和生产执行系统（MES），提高了生产计划的准确性和生产过程的可控性。与国际先进水平相比，辽宁省在信息化管理的深度和广度上仍有提升空间。例如，美国的李维斯通过云计算和大数据技术，构建了智能制造平台，实现了全球生产网络的协同管理。这种平台不仅提高了生产效率，还增强了企业应对市场变化的能力。此外，国际企业在数据分析和智能决策方面的应用也更加广泛，能够更好地预测市场需求和优化生产资源配置。

3. 环保和可持续发展技术

辽宁省的服装制造企业在环保和可持续发展技术方面也有所进展。许多企业开始采用环保材料和绿色生产工艺，减少对环境的影响。例如，锦州东方服装有限公司通过使用再生纤维和水溶性染料，减少了生产过程中对资源的消耗和污染。然而，与国际先进水平相比，辽宁省在绿色生产技术和可持续发展方面仍有提升空间。美国的巴塔哥尼亚公司在环保材料的研发和应用上投入巨大，通过建立绿色供应链，推动整个行业的可持续发展。这些企业不仅在生产过程中采用低碳环保技术，还在产品设计和包装上注重环保，赢得了消费者的认可和支持。

4. 研发和创新能力

辽宁省的服装制造企业在研发和创新能力方面也取得了一定成绩。许多企业建立了自己的研发中心和设计团队，不断推出符合市场需求的新产品。例如，辽宁时代万恒有限公司通过与国际知名设计师合作，提升了产品设计水平和品牌价值。尽管如此，辽宁省在研发投入和创新能力方面与国际先进水平仍存在一定差距。例如，意大利的古驰公司通过大数据和人工智能技术，分析消费者行为和市场趋势，进而快速响应市场需求，推出个性化和定制化产品。这些企业在技术研发上的巨大投入，使其在市场竞争中始终保持领先地位。

5. 大数据和人工智能

大数据和人工智能技术在国际服装制造业中应用广泛，而辽宁省在这方面的应用还处于起步阶段。国际先进企业如法国的香奈儿（Chanel），通过大数据分析消费者的购买行为和市场趋势，从而优化生产计划和库存管理，提高市场响应速度和产品供应效率。此外，人工智能技术被用于智能设计、生产优化和质量控制，显著提高了生产效率和产品质量。辽宁省的企业在大数据和人工智能技术的应用上也有所尝试。例如，华孚时尚股份有限公司通过引入大数据分析平台，分析市场需求和消费者偏好，优化产品设计和生产流程。然而，与国际先进企业相比，这些技术的应用深度和广度仍有待提高。

6. 智能仓储和物流

智能仓储和物流技术在国际服装制造业中得到了广泛应用。例如，德国的雨果博斯采用智能仓储系统和自动分拣设备，提高了物流效率和产品配送速度。这种智能化的物流管理系统不仅减少了库存成本，还提高了企业的运营效率。辽宁省的服装制造企业在智能仓储和物流方面也取得了一定进展。然而，与国际先进水平相比，辽宁省在物流管理系统的智能化程度和应用深度上仍有差距。

7. 人才培养与引进

近年来，辽宁省加大对人才的引进政策，企业也响应政府号召给予高层次人才优厚待遇，同时辽宁省的服装企业也越来越重视自身人才的培养，通过与高校合作开设相关课程、组织培训等方式，培养了一批具有专业技能和创新能力的人才。很多企业还积极引进国内外优秀人才，为企业的技术创新和产品研发提供智力支持。

辽宁省的服装制造业在自动化和智能化生产、生产管理和信息化、环保和可持续发展技术以及研发和创新能力方面取得了显著进展，逐渐缩小了与国际先进水平的差距。然而，要达到国际领先水平，仍需在技术应用的广度和深度、绿色生产技术的提升以及研发创新能力的增强方面继续努力。通过持续的技术升级和管理优化，辽宁省的服装制造业将进一步提升其国际竞争力。

（二）自动化与信息化水平

辽宁省的服装制造业在自动化和信息化方面取得了显著进展，逐渐缩小了与国际先进水平的差距。然而，要达到国际领先水平，还需在技术应用的广度和深度、管理优化等方面继续努力。

为进一步缩小与国际先进企业的差距，辽宁省服装制造企业近年来积极推进数字化工厂建设，通过整合硬件设备与信息系统，实现了生产环节的数据互通和流程协同。一些企业开始尝试将自动化设备与生产管理系统无缝对接，形成涵盖设计、采购、生产、仓储到销售全链条的数据集成平台。这种平台化的管理方式，使企业能够实时掌握生产状态、库存变化及市场需求动态，为柔性生产提供了有力支撑，显著提升了企业对订单变化和市场波动的快速响应能力。

以大连华孚时尚股份有限公司为例，公司通过引入 MES 生产执行系统与大数据分析平台，将生产计划、订单管理与设备运行实现全流程数据打通。借助可视化数据平台，企业能够实时监控每一道工序的进度和能耗状况，及时调整生产计划，既提高了资源利用率，也增强了响应市场定制需求的能力。

另一个典型案例是营口瑞丰服装有限公司，该企业搭建了涵盖原料采购、生产排程、仓储物流的数字化信息管理平台，通过条码追溯和智能仓储系统，实现了物料与成品的全流程追溯。与此同时，企业还将信息化平台与客户订单系统打通，能够实现柔性定制和快速发货，大大缩短了交货周期，提高了客户满意度。

近年来，辽宁省服装制造企业纷纷采用智能化生产线，以提高生产效率和产品质量。例如，大连华孚时尚股份有限公司通过引进智能缝纫机和自动化裁剪设备，实现了生产全过程的自动化和智能化。这些设备不仅提高了生产效率，还减少了人工错误率，确保了产品质量的一致性。此外，智能化生产线的应用使企业能够更灵活地应对市场需求的变化，快速调整生产计划，提高市场响应速度。

信息化管理在辽宁省服装制造企业中也得到了广泛应用。许多企业建立了现代化的生产管理系统和信息化平台，实现了生产过程的精细化管理和实时数据监控。这些系统和平台通过实时监控和数据分析，帮助企业优化生产流程并减少停机时间，从而提高生产效率。同时，信息化平台还可以集成供应链管理系统，实现从原材料采购到成品销售的全流程管理，提高了供应链的透明度和协同效率。

智能仓储和物流技术在辽宁省的服装制造企业中也得到了应用。通过引入先进的仓储管理系统，企业能够实现对库存的实时监控和管理，提高了库存周转率，减少了库存积压和浪费。智能物流系统的应用不仅提高了配送效率，还增强了企业对市场变化的应对能力。

在绿色生产和可持续发展方面，辽宁省的服装制造企业也取得了积极进展。许多企业开始采用环保材料和绿色生产工艺，以减少对环境的影响。例如，锦州东方服装有限公司通过使用再生纤维和水溶性染料，减少了生产过程中对资源的消耗和污染。这些绿色生产技术的应用不仅符合国际环保标准，还赢得了消费者的认可和支持。企业在绿色生产和环保材料的研发和应用上投入巨大，通过建立绿色供应链，推动整个行业的可持续发展。

大数据和人工智能技术在国际服装制造业中应用广泛，而辽宁省在这方面的应用还处于起步阶段。国际先进企业，通过大数据分析消费者购买行为和市场趋势，优化生产计划和库存管理，提高市场响应速度和产品供应效率。此外，人工智能技术被用于智能设计、生产优化和质量控制，显著提高了生产效率和产品质量。辽宁省的企业在大数据和人工智能技术的应用上也有所尝试。例如，华孚时尚股份有限公司通过引入大数据分析平台，分析市场需求和消费者偏好，优化产品设计和生产流程。然而，与国际先进企业相比，这些技术的应用深度和广度仍有待提高。

未来，辽宁省的服装制造企业需要在以下几个方面继续努力：加强在智能制造、绿色生产和信息化管理方面的技术应用，进而提高生产效率和市场响应能力；通过现代化的管理系统和数据分析平台，优化生产流程和资源配置，提升企业整体竞争力；增加研发投入，推动技术创新和产品升级，以满足不断变化的市场需求。

总之，尽管辽宁省在自动化和信息化方面取得了显著进展，但与国际先进水平相比仍存在一定差距。未来，辽宁省的服装制造企业需要在技术应用的广度和深度、管理优化和研发创新等方面进行持续努力。通过借鉴国际领先企业的成功经验，辽宁省的服装制造企业可以在全球市场上赢得更大的竞争优势，实现可持续发展和长远的经济效益。

（三）技术创新能力与研发投入水平

1. 技术创新能力

辽宁省的服装制造企业在技术创新方面表现出了较强的活力。许多企业建立了自己的研发中心和创新团队，不断推出符合市场需求的新产品。例如，大连恒日达服装有限公司通过与国内外知名设计师合作，不断提升产品设计水平和品牌价值。这些企业通过持续的技术创新，不仅提升了产品的市场竞争力，还促进了企业的可持续发展。然而，与国际领先企业相比，辽宁省在技术创新能力方面仍有提升空间。国际领先企业如古驰和香奈儿，通过大数据和人工智能技术，分析消费者行为和市场趋势，快速响应市场需求，推出个性化和定制化产品。这些企业在技术研发上的巨大投入，使其在市场竞争中始终保持领先地位。辽宁省的企业需要在技术研发和创新能力上进一步提升，以应对日益激烈的市场竞争。

尽管如此，辽宁省的服装制造企业已经在多个方面展示了技术创新的潜力。例如，锦州东方服装有限公司通过自主研发，推出了一系列环保和功能性服装产品，获得了市场的高度认可。该公司的创新不仅提升了产品的附加值，还显著增强了其在国际市场上的竞争力。此外，辽宁省部分企业还积极参与国际技术交流与合作，通过借鉴国外先进经验和技术，加快自身的创新步伐。通过不断引进和消化吸收先进技术，辽宁省的企业在提高技术水平和创新能力方面迈出了坚实的步伐。在创新能力方面，辽宁省的服装制造企业也注重培养和引进高素质的人才队伍。许多企业与高校和科研机构合作，建立了产学研联合研发平台，通过多种形式的合作，提升了技术创新的深度和广度。

总之，尽管与国际领先企业相比，辽宁省的服装制造企业在技术创新能力方面还有提升空间，但已经展现出较强的创新活力和潜力，相信通过持续的努力，有望在未来进一步缩小与国际先进水平的差距。

2.研发投入现状

近年来，辽宁省的服装制造企业加大了在研发方面的投入。据统计，2022年，辽宁省服装制造业的研发投入占销售收入的比重为2.5%，这一比例虽有所提高，但与国际先进企业相比仍有一定差距。国际领先企业的研发投入占销售收入的比重通常在4%以上，有些甚至达到6%~8%。研发投入的不足，限制了辽宁省服装制造企业在新技术研发和应用方面的能力。为了缩小这一差距，辽宁省政府出台了一系列政策，鼓励企业加大研发投入力度。例如，通过税收优惠政策、政府补贴和科技项目支持等，帮助企业降低研发成本，提高创新能力。这些政策的实施，为企业在技术研发和创新方面提供了有力支持，有助于提升企业的整体竞争力。此外，辽宁省还通过设立专项资金支持企业的研发活动，鼓励企业在新材料、新工艺和新技术方面进行探索和创新。这些资金不仅帮助企业解决了研发资金不足的问题，还推动了企业在核心技术领域的突破。通过政府和企业的共同努力，辽宁省的服装制造业在研发投入方面取得了显著进展，但要达到国际先进水平，仍需继续努力。未来，企业需要进一步提高研发投入占销售收入的比重，以增强自身的技术创新能力和市场竞争力。

3. 研发基础设施

辽宁省的服装制造企业在研发基础设施方面也取得了一定进展。许多企业建立了先进的实验室和研究中心，配备了现代化的设备和仪器。例如，沈阳众鑫缘服装有限公司建立了一个专门的研发中心，配备了先进的CAD系统和3D打印设备，用于产品设计和样品制作。这些设备和设施使企业能够更高效地进行产品设计和研发，缩短了新产品的开发周期，提高了企业创新能力和市场竞争力。此外，一些企业还与高等院校和科研机构建立了紧密的合作关系，共同进行技术研发和创新。例如，大连理工大学与多家服装企业建立合作，共同开发新材料和新工艺，提高产品的附加值和市场竞争力。这种产学研结合的模式，不仅为企业提供了强大的技术支持，还为高校和科研机构提供了丰富的实践经验，促进了技术的转化和应用。这些研发基础设施的建设，不仅提升了企业的自主研发能力，还增强了企业在国际市场上的竞争力。通过持续的研发投入和基础设施建设，辽宁省的服装制造企业在技术创新和产品开发方面取得了显著进展，为行业的可持续发展奠定了坚实的基础。未来，随着更多企业加大在研发基础设施方面的投入，辽宁省的服装制造业将在技术创新方面实现更大的突破，进一步提升其在全球市场上的竞争力。

4. 创新成果

辽宁省的服装制造企业在技术创新方面已经取得了一些重要成果。例如，锦州东方服装有限公司通过研发出一种新型环保染料，大大减少了生产过程中对环境的污染。这一技术不仅提升了产品的环保性能，还获得了多个国内外奖项。这项创新不仅展示了企业在环保方面的努力，还为行业树立了绿色生产的典范。营口瑞丰服装有限公司通过研发一种智能温控面料，使服装能够根据环境温度自动调节保暖效果。这一创新不仅提升了产品的功能性，还在市场上赢得了广泛的认可和好评。这些创新成果不仅增强了企业的市场竞争力，也为辽宁省服装制造业的技术进步和创新发展做出了重要贡献。此外，许多企业还在智能制造和数字化转型方面取得了突破。其创新成果不仅提升了企业的生产力，还增强了其在国际市场上的竞争力。

5. 政府支持与政策

辽宁省政府在支持服装制造业技术创新和研发投入方面发挥了重要作用。政府通过出台一系列政策和措施，鼓励企业加大研发投入力度，提高技术创新能力。例如，辽宁省政府设立了专项资金，用于支持服装制造企业的技术改造和创新项目。这些政策为企业在研发和创新方面提供了坚实的资金保障，激发了企业的创新活力。此外，政府还通过组织科技展览会和技术交流会，为企业提供展示创新成果的平台，促进技术交流与合作。例如，辽宁省每年举办的中国（大连）国际服装纺织品博览会，吸引了众多国内外企业和科研机构参与，成为展示最新技术和产品的重要平台。这些展览会不仅为企业提供了展示自身技术实力的机会，也为行业的技术交流和合作提供了重要渠道。政府还通过制定和实施一系列优惠政策，支持企业在创新和研发方面的投入。例如，提供税收优惠、研发补贴和融资支持，帮助企业降低研发成本，提高技术创新能力。这些政策的实施，为辽宁省服装制造业的技术创新和发展提供了有力支持，促进了整个行业的技术进步和可持续发展。

尽管辽宁省的服装制造企业在技术创新和研发投入方面取得了一定进展，但要达到国际领先水平，企业应进一步加大研发投入力度，提高研发投入占销售收入的比重，以增强技术创新能力和市场竞争力。持续的研发投入将为企业提供更强的技术支持，帮助企业在激烈的市场竞争中保持领先地位。加强与高等院校和科研机构的合作，利用外部资源提升自身的创新能力。通过产学研合作，企业可以借助高校和科研机构的技术力量，提升自身的技术水平和创新能力。注重创新成果的转化与应用，将研发成果快速转化为市场产品，以提高经济效益。通过建立完善的技术转化机制，企业可以加快创新成果的商品化进程，从而提升市场竞争力。政府应继续优化政策环境，提供更加有力的支持和保障，激发企业的创新活力和动力。通过出台更多优惠政策和支持措施，政府可以帮助企业降低研发成本，提高创新能力，推动行业的技术进步和可持续发展。通过持续的技术创新和研发投入，辽宁省的服装制造业将在未来进一步提升其国际竞争力，有望成为全球服装制造行业的领先力量。

三、辽宁省服装制造业的市场表现与竞争力

（一）国内市场表现与竞争力

1.市场份额与销售表现

近年来，辽宁省的服装制造业在国内市场的份额稳步上升。其省内企业通过不断提高产品质量和品牌影响力，逐渐赢得了更多消费者的青睐。许多知名企业，通过推出时尚、高质量的产品，不仅在辽宁省内市场占据了重要地位，还成功扩展到了全国其他省市的市场。这些企业通过优化产

品线和创新设计，不断满足消费者多样化的需求，提升了市场竞争力。辽宁省的服装制造企业还积极参与各类国内展览会和时装周活动，通过这些平台展示新产品和新技术，扩大品牌知名度。例如，沈阳众鑫缘服装有限公司通过参加中国国际时装周，展示了其最新的时尚系列，吸引了大量潜在客户和合作伙伴。此外，省内企业还通过电商平台拓展市场，如淘宝、京东等，利用线上销售渠道实现了销售额的显著增长。

2. 供应链管理与生产效率

辽宁省的服装制造企业在供应链管理方面也表现出了较高的水平。通过优化供应链管理，提高了生产效率和市场响应速度。例如，大连恒日达服装有限公司通过引入先进的供应链管理系统，实现了生产计划的精准化和库存管理的优化。这不仅缩短了生产周期，还降低了库存成本，提高了企业的整体运营效率。此外，辽宁省企业还注重与上游供应商和下游经销商的紧密合作，建立了稳定、高效的供应链网络。通过与优质原材料供应商的长期合作，确保了原材料的稳定供应和高质量标准。同时，与下游经销商的紧密合作，使产品能够快速进入市场，及时满足消费者需求。这种高效的供应链管理模式，大幅度提升了企业的市场竞争力和运营效率。

3. 品牌建设与市场推广

辽宁省的服装制造企业在品牌建设和市场推广方面也取得了显著成效。许多企业通过不断提升品牌形象和增加品牌价值，赢得了广大消费者的信赖。例如，锦州东方服装有限公司通过一系列的品牌推广活动，如电视广告、社交媒体营销和线下促销活动，成功提升了品牌知名度和市场影响力。此外，辽宁省的服装制造企业还积极参与各类公益活动和社会责任项目，通过这些活动和项目树立了良好的企业形象，增强了品牌的社会影响力。例如，营口瑞丰服装有限公司通过参与环保公益活动和社区服务项目，提升了品牌美誉度和消费者忠诚度。这些品牌建设和市场推广活动，不仅能够提升企业的市场竞争力，还能增强企业的社会责任感和品牌价值。

4.产品创新与差异化竞争

辽宁省的服装制造企业在产品创新和差异化竞争方面也表现出了较强的竞争力。通过不断推出创新产品和个性化设计，满足了不同消费者的需求，提升了市场竞争力。例如，大连华孚时尚股份有限公司通过引入智能设计和生产技术，推出了一系列智能穿戴产品，受到了年轻消费者的热烈欢迎。

此外，辽宁省的企业还注重产品的功能性和环保性，通过采用新材料和新工艺，提升了产品的附加值和环保性能。例如，沈阳众鑫缘服装有限公司通过研发出一种防水透气的环保面料，大幅提升了产品的实用性和环保性能。这些创新产品的推出，不仅提升了企业的市场竞争力，还推动了行业的技术进步和可持续发展。

通过在市场份额、供应链管理、品牌建设和产品创新等方面的不断努力，辽宁省的服装制造企业在国内市场表现出了强大的竞争力。未来，随着企业在技术创新和市场拓展方面的进一步投入，辽宁省的服装制造业有望在国内市场上继续保持领先地位，实现更大的发展和突破。

（二）国际市场开拓与出口情况

1.市场拓展策略

辽宁省的服装制造企业积极采用多种策略开拓国际市场，包括品牌推广、产品多样化和市场定位。例如，大连恒日达服装有限公司通过参加国际时装展和贸易展览会，展示其最新的产品和技术，吸引了来自全球的买家和合作伙伴。通过这些平台，企业不仅提升了品牌知名度，还获得了大量的国际订单。参展不仅有展示产品的机会，还可以直接与全球客户面对面交流，了解他们的需求和市场趋势，从而调整和优化产品设计与生产策略。此外，辽宁省的企业还注重开拓新兴市场，如东南亚和非洲市场。这些市场具有巨大的消费潜力，且竞争相对较小。通过在这些市场的布局，企业能够快速获得市场份额，并建立稳定的客户基础。例如，沈阳众鑫缘服装有限公司通过在东南亚设立销售办事处，成功开拓了当地市场，提高了产品的市场覆盖率。

辽宁省企业在市场拓展中，还积极利用电子商务平台，通过跨境电商直接面向全球消费者销售产品。阿里巴巴国际站和亚马逊等平台，为辽宁省的中小企业提供了一个便捷高效的国际销售渠道，使他们能够以较低的成本进入国际市场。这些企业不仅依靠传统的出口渠道，还通过社交媒体和在线广告来扩大品牌影响力，吸引更多国际买家的关注。例如，营口瑞丰服装有限公司通过在国外社交服务软件（Facebook、Instagram）进行精准广告投放，成功吸引了大量来自北美和欧洲的订单。

2. 出口产品多样化

辽宁省的服装制造企业在出口产品方面表现出色，不仅涵盖传统的纺织品和服装，还包括高附加值的智能穿戴设备和环保服装。例如，大连华孚时尚股份有限公司通过研发智能服装，成功打开了欧美市场。这些智能服装不仅具备时尚性，还具有实用性，如温度调节和健康监测功能，深受消费者欢迎。这些创新产品的开发不仅提升了企业的市场竞争力，还打开了新的市场领域，为企业创造了更多的出口机会。此外，辽宁省的企业还注重开发环保服装，以应对全球日益严格的环保要求。例如，锦州东方服装有限公司通过采用可再生材料和环保染料，生产出高质量的环保服装，获得了欧美市场的高度认可。这些产品不仅提升了企业的国际竞争力，还符合全球绿色经济的发展趋势。为了满足不同市场的需求，辽宁省的企业还不断优化产品设计和功能。例如，针对欧美市场的高品质、高科技含量产品的需求，企业推出了具有抗菌、抗紫外线、防水透气等功能的服装。针对东南亚和非洲市场的经济型产品需求，企业则推出了价格适中、质量可靠的基础款服装。通过产品多样化策略，企业能够更好地满足全球不同消费者的需求，提升市场竞争力。

3. 供应链优化与成本控制

为了增强国际市场的竞争力，辽宁省的服装制造企业注重供应链的优化和成本控制。通过引入先进的供应链管理系统，企业能够实现生产计划的精准化和库存管理的优化。例如，大连恒日达服装有限公司通过优化供应链，提高了生产效率和市场响应速度，减少了生产周期和库存成本。此外，企业还积极采用数字化技术来提升供应链的透明度和效率。例如，沈阳众鑫缘服装有限公司通过引入区块链技术，确保了供应链各环节的可追溯性，提高了产品质量和供应链的稳定性。这些措施不仅降低了运营成本，还增强了企业在国际市场的竞争力。供应链优化还包括与上游供应商和下游分销商的紧密合作。辽宁省的企业通过与优质原材料供应商建立长期合作关系，确保了高质量原材料的稳定供应。与下游分销商的合作，使产品能够快速进入市场，及时满足消费者需求。例如，沈阳众鑫缘服装有限公司通过与国际知名物流公司合作，优化了物流流程，缩短了交货时间，提高了客户满意度。

4. 政府支持与政策环境

辽宁省人民政府在支持企业国际化方面发挥了重要作用。首先，政府通过制定和实施一系列政策，鼓励企业开拓国际市场。例如，辽宁省人民政府提供出口退税和贸易融资支持，帮助企业降低出口成本，增强国际竞争力。其次，政府通过组织国际贸易展览会和商务考察团，为企业提供展示平台和市场拓展机会，积极与国际组织和国外政府合作，签署自由贸易协定，减少贸易壁垒，从而促进贸易便利化。例如，辽宁省通过参与"一带一路"倡议，加强与共建国家的经贸合作，为企业开拓国际市场提供了有力支持。这些政策措施为辽宁省的服装制造企业提供了良好的外部环境，促进了企业的国际化进程。此外，政府还通过设立专项基金支持企业在国际市场的推广活动，如品牌建设、市场调查和客户开发等。通过政府的支持，企业能够更好地了解目标市场的需求和偏好，制订更有效的市场进入策略。最后，政府还提供出口保险，降低了企业在国际贸易中的风险，增强了企业的信心和竞争力。

通过在市场拓展策略、出口产品多样化、供应链优化和政府支持等方面的努力，辽宁省的服装制造企业在国际市场上取得了显著的成绩。未来，随着企业进一步提升技术水平和市场竞争力，辽宁省的服装制造业有望在国际市场上继续扩大份额，实现更大的发展和突破。

（三）辽宁省服装品牌的市场认知度和影响力

辽宁省的服装制造企业在品牌建设和市场认知度方面取得了显著成效，这些企业不仅在国内市场上享有较高的知名度，也逐步在国际市场上树立了品牌形象。

1. 品牌形象建设

品牌形象是决定消费者购买决策的重要因素之一。辽宁省的服装企业通过多种方式提升品牌形象，包括参加国际时装展、聘请知名设计师和进行多渠道的市场推广活动等。例如，大连恒日达服装有限公司通过与国际知名设计师合作，推出了一系列高端时尚服装，成功提升了品牌的国际知名度。这些活动不仅提升了品牌的市场认知度，还增强了品牌的高端形象，使消费者对其品牌有了更深刻的认知和认可。同时，企业还通过建立强大的品牌故事和价值主张，进一步巩固品牌形象。例如，锦州东方服装有限公司通过强调环保和可持续发展的品牌价值，赢得了环保意识较强的消费者的青睐。这种品牌形象建设策略不仅提升了品牌的市场认知度，还增强了品牌的忠诚度，使消费者在购买时更倾向于选择他们的产品。

2. 社交媒体和数字营销

在现代市场中，社交媒体和数字营销已经成为提升品牌认知度和影响力的重要工具。辽宁省的服装企业通过积极利用社交媒体平台，如微信、微博、Instagram 和 Facebook，进行品牌推广和消费者互动。例如，沈阳众鑫缘服装有限公司通过在 Instagram 上发布时尚潮流的图片和视频，吸引了大量年轻消费者的关注。这些社交媒体活动不仅提高了品牌的曝光率，还增强了品牌与消费者的互动和联系，使品牌形象更加生动和亲近。此外，通过利用数据分析工具，企业能够更精准地了解消费者的需求和偏好，从而制定更有效的市场营销策略。例如，大连华孚时尚股份有限公司通过分析社交媒体数据，发现消费者对智能穿戴设备的兴趣日益增加，随即推出了一系列智能服装产品，取得了强烈的市场反响。这种数据驱动的营销策略不仅提高了品牌的市场竞争力，还增强了品牌的市场影响力。

3. 公共关系和品牌活动

公共关系活动和品牌活动也是提升品牌认知度和影响力的重要手段。辽宁省的服装企业通过参加各类公益活动和社会责任项目，树立了良好的企业形象。例如，营口瑞丰服装有限公司通过参与环保公益活动和社区服务项目，不仅提升了品牌的社会影响力，还增强了品牌的美誉度和消费者忠诚度。这些活动展示了企业的社会责任感，使得品牌形象更加正面和积极。此外，企业还通过举办各类品牌活动，如新品发布会、时装秀和消费者体验活动，增强品牌的市场认知度和影响力。例如，沈阳众鑫缘服装有限公司通过举办年度时装秀，展示其最新的时尚设计，吸引了大量媒体和消费者的关注。这些品牌活动不仅提升了品牌的曝光率，还增强了品牌与消费者之间的情感联系，使品牌形象更加深入人心。

4. 品牌忠诚度和口碑

品牌忠诚度和口碑是品牌认知度和影响力的重要指标。辽宁省的服装企业通过提供高质量的产品和优质的服务，赢得了消费者的信任和忠诚。例如，大连恒日达服装有限公司通过严格的质量控制和创新的设计，不断提升产品质量，获得了消费者的一致好评。这些优质的产品和服务不仅增强了品牌的市场竞争力，还提升了品牌的美誉度，使消费者在购买时更倾向于选择他们的产品。此外，企业还注重消费者反馈和口碑管理，通过多种渠道收集消费者的意见和建议，及时改进产品和服务质量。例如，锦州东方服装有限公司通过设立消费者服务热线和在线反馈系统，及时了解消费者的需求和意见，不断改进和优化产品和服务质量。这种重视消费者反馈的做法，不仅提升了品牌的市场认知度，还增强了品牌的美誉度和消费者忠诚度。

通过在品牌形象建设、社交媒体和数字营销、公共关系和品牌活动以及品牌忠诚度和口碑等方面的努力，辽宁省的服装品牌在市场上获得了较高认知度和显著影响力。未来，随着企业进一步提升品牌建设和市场营销能力，辽宁省的服装品牌有望在国内外市场上继续扩大影响力，实现更大的发展和突破。

第三节 辽宁省服装制造业智能化升级的必要性

一、生产效率与成本优化

（一）智能制造对生产效率的提升

1. 自动化生产线的应用

智能制造的核心之一是自动化生产线的应用。通过引入自动化设备，如智能裁剪机、缝纫机器人和智能检查系统，企业能够显著提高生产效率。自动化设备能够连续工作，减少了因人工操作带来的间歇和错误。例如，许多服装制造企业通过使用智能裁剪设备实现了高精度、高速度的裁剪，不仅提高了生产效率，还减少了材料浪费。此外，自动化设备能够进行 24h 不间断生产，大大提高了生产线的利用率。通过智能设备的协同工作，企业可以实现从原材料到成品的全流程自动化生产，极大地提高了生产效率。与传统人工操作相比，自动化生产线可以将生产效率提高 30% 以上，同时减少50%以上的人工成本。

2. 数据驱动的生产优化

智能制造引入了大量的数据分析和处理技术，通过对生产过程中的各类数据进行实时监控和分析，企业能够实现生产流程的优化。例如，利用传感器和物联网技术，企业可以实时监控生产设备的运行状态，及时发现和解决生产中的瓶颈问题，确保生产线的高效运转。数据分析还可以帮助企业预测和预防设备故障，通过预测性维护技术，企业能够在设备发生故障前进行维护，避免生产停工，减少因设备故障带来的损失。此外，数据驱动的生产优化还可以帮助企业优化生产计划，根据市场需求和生产能力，合理安排生产任务，提高生产效率和产品质量。

3. 柔性制造系统的引入

智能制造的另一个重要方面是柔性制造系统的引入。柔性制造系统使企业能够快速响应市场需求的变化，通过灵活调整生产线配置，生产出多种规格和型号的产品。例如，某些服装制造企业通过引入柔性制造系统，能够在短时间内完成从大批量生产到小批量定制生产的转换，满足不同客户的需求。柔性制造系统不仅提高了生产效率，还增强了企业的市场竞争力。通过灵活的生产方式，企业可以快速响应市场需求的变化，推出符合市场需求的新品，抢占市场先机。此外，柔性制造系统还可以帮助企业减少库存压力，提高资金周转率，实现精益生产。

4. 智能仓储和物流系统的应用

智能制造还包括智能仓储和物流系统的应用。通过引入智能仓储系统，企业可以实现对原材料和成品的高效管理。智能仓储系统能够自动识别、分类和存储货物，提高了仓库的利用率和管理效率。例如，某些服装制造企业通过引入自动化立体仓库系统，实现了原材料和成品的自动化存储和提取，大大提高了仓库管理效率。在物流方面，智能制造引入了智能物流系统，通过物联网和大数据技术，企业能够实现对物流全过程的实时监控和管理。智能物流系统可以根据订单需求，智能规划配送路线，提高配送效率，减少配送时间和成本。例如，某些企业通过智能物流系统，实现了快速配送服务，从订单生成到商品送达消费者手中的时间大幅缩短，提高了消费者满意度和市场竞争力。

智能制造通过自动化生产线、数据驱动的生产优化、柔性制造系统的引入、智能仓储和物流系统等多方面的应用，显著提升了服装制造业的生产效率和成本优化。通过引入这些先进技术，企业不仅提高了生产效率，降低了生产成本，还增强了市场竞争力和客户满意度。未来，随着智能制造技术的不断发展和应用，辽宁省服装制造业将迎来更加广阔的发展前景，实现更高水平的智能化升级和可持续发展。

（二）生产成本的降低途径

在现代服装制造业中，降低生产成本是提升企业竞争力的关键之一。通过智能制造和技术创新，辽宁省的服装制造企业可以有效地减少各类生产成本。

1. 自动化设备引入

自动化设备的应用是降低生产成本的最直接途径之一。通过引入自动化裁剪机、智能缝纫机和机器人系统，企业可以大幅减少对人工的依赖，降低人工成本。例如，智能裁剪机能够在短时间内完成大批量高精度的裁剪工作，不仅提高了生产效率，还减少了材料浪费。智能缝纫机和机器人系统可以在保证高质量的前提下实现连续工作，进一步降低人工成本和缩短生产周期。此外，自动化设备的维护成本较低，且能够实现24h不间断生产，这些特点都有效地降低了生产成本。同时，自动化设备的精度和一致性也提升了产品质量，降低了次品率，进一步降低了企业的生产损失。

2. 供应链优化

优化供应链管理是降低生产成本的另一重要途径。通过智能供应链管理系统，企业能够实现原材料采购、库存管理和生产计划的精准化。例如，通过与优质原材料供应商建立长期合作关系，企业可以确保稳定的原材料供应，减少因原材料短缺带来的生产中断和成本上升。同时，智能供应链管理系统能够优化库存水平，减少库存积压和资金占用。供应链优化还包括物流环节的改进，通过智能物流系统，企业可以实现物流全过程的可视化管理，优化物流路径，减少物流成本。例如，利用大数据和物联网技术，企业可以实时监控物流情况，及时调整物流策略，减少运输时间和成本，提高物流效率。

3. 能源管理与节能

在服装制造过程中，能源消耗是一个重要的成本来源。通过智能能源管理系统，企业可以实现对能源的高效利用和节能减排。例如，智能能源管理系统能够实时监控生产设备的能耗情况，优化能源使用策略，减少不必要的能源浪费。通过引入节能设备和技术，如高效电机、LED照明和智能空调系统，企业可以进一步降低能源消耗，减少能源成本。此外，通过使用可再生能源，如太阳能和风能，企业可以降低对传统能源的依赖，减少能源成本和环境影响。这不仅符合绿色制造的趋势，还提升了履行社会责任的企业形象。

4. 数字化生产与质量控制

数字化生产技术的应用可以显著提高生产效率和产品质量，降低生产成本。通过引入先进的MES和质量管理系统，企业可以实现生产全过程的数字化监控和管理。例如，生产执行系统能够实时监控生产进度，及时发现和解决生产中出现的问题，减少生产停工和降低次品率。质量管理系统能够对产品进行全方位的检测和监控，确保产品质量的稳定和一致，减少返工和降低废品率。此外，数字化生产技术还可以实现产品设计、生产和销售的全流程协同，提高生产效率和响应速度。例如，通过数字化设计工具，企业可以快速完成产品设计和样品制作，缩短产品开发周期，降低研发成本。

5. 人工智能与机器学习技术应用

人工智能和机器学习技术在生产成本降低中发挥着越来越重要的作用。通过对生产数据的分析和处理，人工智能可以优化生产流程，预测和预防设备故障，提高生产效率。例如，预测性维护技术能够在设备发生故障前进行维护，避免生产停工和设备损坏，减少维护成本和生产损失。机器学习技术还可以用于生产计划的优化和资源的高效配置。例如，通过对市场需求和生产能力的数据分析，机器学习可以帮助企业制定最优的生产计划，避免生产过剩或不足，提高资源利用率，降低生产成本。

通过自动化设备引入、供应链优化、能源管理与节能、数字化生产与质量控制以及人工智能与机器学习技术应用，辽宁省的服装制造企业可以显著降低生产成本，提高生产效率和市场竞争力。未来，随着智能制造技术的不断发展和应用，企业将能够实现更高水平的成本控制和效益提升，推动服装制造业的可持续发展。

（三）案例分析：智能制造带来的效益

智能制造的引入为服装制造业带来了显著的效益，从提升生产效率到降低生产成本，各方面的改进都极大地增强了企业的市场竞争力。

1. 雨果博斯的智能工厂

雨果博斯在其土耳其工厂引入了智能制造技术，包括人工智能、机器人和数字孪生技术。通过这些技术的应用，该工厂实现了生产过程的实时监控和管理。每个工位上都配备了平板设备，员工可以实时查看生产数据，如质量、维修、库存和发货情况。通过 AR 和 VR 技术，员工培训和设备维护更加高效。此外，AI 技术用于检测质量缺陷和优化面料消耗，提高了整体生产效率。

这种智能化管理不仅提升了生产效率，还大幅减少了人为错误和生产停工时间，从而降低了生产成本。雨果博斯通过智能数据管理和流程自动化，实现了更高的产品质量和生产效率，增强了市场竞争力。具体来说，雨果博斯通过使用智能数据管理系统，实现了生产线的精确控制和数据分析。每个生产节点的数据都通过传感器采集并上传至中央系统，进行实时分析。这不仅帮助工厂识别生产中的瓶颈和问题，还使工厂能够快速做出调整，优化生产流程。例如，通过分析设备使用数据，工厂能够预判设备的维护需求，进行预防性维护，避免因设备故障导致的生产中断。此外，AR和VR技术的应用大大提升了员工的培训效率和设备维护效率。通过虚拟现实技术，员工能够在虚拟环境中进行操作培训，熟悉设备操作和维护流程，这不仅提高了培训效果，还减少了培训时间和成本。增强现实技术则使设备维护更加直观，技术人员可以通过AR眼镜看到设备的内部结构和维护步骤，提高了维护效率和准确性。

2.雷蒙德公司的智能制造

印度的雷蒙德（Raymond）公司在其银火花（Silver Spark）服装工厂实施了智能制造系统，显著提升了其定制西装和夹克的生产能力。通过物联网技术，该工厂能够实时追踪面料质量、裁剪组件、缝纫过程和库存管理。条码系统用于跟踪原材料、订单状态和成品压制情况。

雷蒙德公司的智能制造系统包括多个关键组件。首先是物联网技术的应用，通过在生产设备上安装传感器，实时监控设备运行状态和生产数据。这些数据被传输到中央系统进行分析，帮助工厂优化生产流程。例如，传感器可以检测面料裁剪的精度和缝纫的质量，如果发现任何偏差，系统会立即发出警报，技术人员可以迅速做出调整，确保生产质量。其次，雷蒙德公司还引入了条码系统，用于跟踪生产过程中的每个环节。每个订单、原材料和成品都被赋予唯一的条码，通过扫描条码，系统可以实时更新库存和生产状态。这不仅提高了生产的透明度，还简化了库存管理和订单处理流程。例如，通过扫描条码，工厂可以实时查看每个订单的生产进度和交货时间，提高了客户满意度和订单处理效率。此外，生产计划软件和流水线平衡解决方案的引入也极大地优化了生产流程。通过这些软件，工厂可以精确规划生产任务，平衡生产线的负荷，避免资源浪费和生产瓶颈。射频识别（RFID）技术的应用使质量跟踪和管理更加高效，每个成品的质量数据都被记录在RFID标签中，随时可供查询。这不仅提高了产品质量，还增强了工厂的质量管理能力。

3. 工业缝纫与创新中心的智能制造项目

工业缝纫与创新中心（ISAIC）通过使用Fusion Operations软件，显著提高了生产效率和资源利用率。该项目重点是通过智能化技术优化生产流程，减少浪费。通过对生产记录和流程的实时监控，ISAIC能够有效地管理库存、开发产品和维护设备。项目中开发的定制分析仪表盘，用于监测各产品组的特定数据，并采取纠正措施以提高生产力和设备效率。例如，通过分析生产数据，ISAIC可以识别出生产过程中的瓶颈和低效环节，针对性地改进。这不仅提高了生产效率，还减少了资源浪费和生产成本。

ISAIC还引入了自动化维护请求和预防性维护计划，提高了设备的可用性。通过智能传感器实时监控设备状态，系统能够提前预测设备的维护需求，进行预防性维护，避免因设备故障导致的生产停工。这不仅提高了设备的利用率，还延长了设备的使用寿命，减少了维护成本。此外，ISAIC还注重员工技能的提升和技术培训。通过不断更新工人技能和技术培训，确保员工能够熟练操作新设备，进一步提升了生产效率和产品质量。例如，通过定期的技能培训和技术研讨会，ISAIC不仅提高了员工的技术水平，还增强了员工对新技术和设备的适应能力，提高了整体生产效率。

通过这些实际案例可以看出，智能制造技术在提高生产效率和降低生产成本方面具有显著效益。企业通过引入自动化设备、数据分析、柔性制造系统和智能仓储物流，不仅提高了生产效率，还大幅降低了运营成本。未来，随着智能制造技术的不断发展和普及，辽宁省的服装制造企业将实现更高水平的智能化升级和可持续发展，进一步增强其国际市场竞争力。

二、市场响应与客户需求满足

（一）智能制造加快市场响应速度

智能制造在提升市场响应速度方面具有显著的优势，通过自动化、数据驱动的生产管理和供应链优化等方式，企业能够快速响应市场需求变化，确保产品及时交付。以下是详细的分析。

1. 自动化生产线与柔性制造

智能制造技术的核心之一是自动化生产线的应用，这大幅提高了生产效率和灵活性。自动化生产线能够实现高效的生产流程，从原材料的处理到成品的包装都可以通过智能设备完成。柔性制造系统使企业能够快速调整生产线配置，生产多种规格和型号的产品，从而满足不同市场和客户的需求。通过柔性制造系统，企业可以根据市场需求的变化快速调整生产计划。例如，当某款产品在市场上突然走俏时，企业可以迅速增加该产品的生产量，而无须进行大规模的设备改造。这种灵活性不仅提高了市场响应速度，还减少了库存压力和生产成本。

2. 数据驱动的供应链管理

智能制造引入了大量的数据分析和处理技术，通过对供应链各个环节的数据进行实时监控和分析，企业能够实现供应链的优化和高效管理。例如，利用物联网技术，企业可以实时监控原材料库存、生产进度和物流状态，确保生产过程的顺畅和产品的及时交付。数据驱动的供应链管理还可以帮助企业预测市场需求，优化库存水平。例如，通过分析历史销售数据和市场趋势，企业可以预测未来的市场需求，提前调整生产计划和库存策略，避免生产过剩或不足。此外，智能物流系统的应用，使产品可以快速准确地配送到客户手中，提升了客户满意度和市场竞争力。

3. 实时监控与快速反应

智能制造系统中的实时监控技术，使企业能够对生产过程中的各个环节进行实时监控和管理。通过传感器和物联网设备，企业可以实时获取生产设备的运行状态、产品的质量情况和生产进度，从而及时发现和解决生产中的问题。例如，如果某条生产线出现故障，系统可以立即发出警报，技术人员可以迅速进行维修，避免生产停工。这种实时监控和快速反应的能力，大大提高了企业的市场响应速度。当市场上某款产品的需求突然增加时，企业可以通过实时调整生产计划，迅速增加该产品的生产量，确保产品及时供应市场。反之，当市场需求减少时，企业也可以及时减少生产，避免库存积压和资源浪费。

4. 客户需求的个性化满足

智能制造技术还使企业能够更好地满足客户的个性化需求。通过数据分析和智能设计工具，企业可以根据客户的个性化需求，快速设计和生产定制化产品。例如，通过大数据分析，企业可以了解不同客户群体的偏好和需求，推出符合市场需求的个性化产品。此外，智能制造系统还可以实现小批量定制生产，满足客户的个性化需求。例如，某些服装企业通过引入3D打印技术，可以根据客户的具体需求，快速制作个性化的服装产品。这种小批量定制生产，不仅提高了客户满意度，还增强了企业的市场竞争力和品牌价值。

通过自动化生产线与柔性制造、数据驱动的供应链管理、实时监控与快速反应以及客户需求的个性化满足，智能制造技术显著加快了辽宁省服装制造业的市场响应速度。企业能够快速响应市场需求变化，确保产品及时交付，从而提升客户满意度和市场竞争力。未来，随着智能制造技术的不断发展和应用，辽宁省的服装制造企业将实现更高水平的市场响应能力，进一步增强其国际市场竞争力。

（二）客户定制化需求的满足

1. 数字制造与大规模定制

随着数字制造技术的进步，服装制造企业能够更好地满足客户的定制化需求。数字制造包括 3D 打印、数字化设计和智能裁剪等技术，这些技术使企业能够根据客户的个性化需求，快速生产出符合其要求的产品。例如，3D 打印技术可以用于制造定制化的服装配件，如纽扣和装饰品，而数字化设计软件则可以根据客户的具体需求，设计出个性化的服装款式。通过这些技术，企业不仅能够提供高质量的定制产品，还能大大缩短生产周期，加快市场响应速度。例如，普罗托（Proto Labs）公司利用 3D 打印技术为客户定制了独特的服装和配件，这些产品在市场上取得了良好的反响。这种技术的应用不仅提升了产品的个性化程度，还减少了生产中的材料浪费和库存压力。

2. 智能工厂与生产流程优化

智能工厂的建设是实现客户定制化需求的重要基础。通过物联网、人工智能和大数据技术，智能工厂能够实现生产流程的全面优化和自动化管理。此外，智能工厂通过引入柔性制造系统，使企业能够快速调整生产线配置，生产出多种规格和型号的产品，满足不同客户的需求。例如，某鞋业品牌在其纽约的旗舰店中，使用智能制造技术，为客户提供个性化的鞋类定制服务。客户可以在店内与设计师进行咨询，并现场制作出符合其需求的鞋类产品。这种高度个性化的服务不仅提升了客户的购物体验，还增强了品牌的市场竞争力。

3. 数据驱动的客户需求分析

智能制造技术还使企业能够更好地理解和满足客户的需求。通过大数据分析，企业可以收集和分析客户的购买行为和偏好，从而预测市场趋势和客户需求。例如，通过分析社交媒体上的客户反馈和评论，企业可以及时了解市场的最新动态，调整产品设计和营销策略。数据驱动的客户需求分析还可以帮助企业实现个性化营销。例如，通过分析客户的购买历史和偏好，企业可以向其推荐符合其需求的产品，提升客户的购买意愿和满意度。CGS（Computer Generated Solutions）公司指出，利用人工智能和机器学习技术，企业可以实现精确的市场定位和个性化的客户服务，进一步提升市场响应能力和客户满意度。

4.智能制造系统与个性化生产

智能制造系统的引入，使企业能够实现大规模的个性化生产。通过模块化设计和生产，企业可以根据客户的具体需求，快速生产出符合其要求的产品。例如，采用智能裁剪和缝纫技术，企业可以根据客户的体型数据，定制出合身的服装产品。这种个性化生产不仅提升了客户的满意度，还增强了企业的市场竞争力。波士顿的服装公司供应部（Ministry of Supply）通过智能制造技术，为客户定制个性化的西装和夹克，不仅提高了产品的附加值，还实现了零浪费的生产模式。这种高度个性化的生产模式，使企业能够更好地满足客户的需求，提升市场竞争力和品牌价值。

通过数字制造、智能工厂、数据驱动的客户需求分析和智能制造系统，辽宁省的服装制造企业能够更好地满足客户的定制化需求。未来，随着智能制造技术的不断发展和普及，企业将实现更高水平的个性化生产，提升市场响应能力和客户满意度，进一步增强其国际市场竞争力。

（三）案例分析：智能制造提升客户满意度

智能制造技术在提升客户满意度方面表现出色，通过优化生产流程、提高产品质量及增强客户互动，企业能够显著提升客户体验。

1.迪卡侬的RFID应用

迪卡侬（Decathlon）是一家全球知名的体育用品零售商，通过引入RFID技术，显著提升了库存管理和客户服务质量。RFID技术使迪卡侬能够实时跟踪每件商品的位置和状态，从而实现高效的库存管理和快速的补货流程。这不仅减少了商品缺货的情况，还提高了客户在购物时的满意度。RFID技术还使客户能够通过自助结账系统快速完成购物，减少了排队时间和购物过程中的不便。此外，迪卡侬通过RFID技术实现了商品追溯，客户可以通过扫描RFID标签了解商品的详细信息，如生产日期、原材料来源等,增加了购物的透明度和客户的信任感。在供应链管理方面,RFID技术的应用也极大地提高了效率。例如,仓库管理人员可以通过RFID扫描设备快速盘点库存,实时更新库存数据,减少了人工盘点的误差和时间成本。此外,RFID技术还帮助迪卡侬实现了智能补货系统,根据销售数据和库存情况,自动生成补货订单,确保商品始终处于最优库存水平。通过RFID技术的全面应用,迪卡侬不仅提升了运营效率,还显著提高了客户满意度。客户在购物过程中体验到更高效、透明和便捷的服务,对品牌的信任和忠诚度也大大增强。未来,随着RFID技术的进一步发展和普及,迪卡侬有望在全球市场上继续扩大其竞争优势。

2. 雨果博斯的智能客服

雨果博斯通过引入智能客服系统,大幅提升了客户互动和满意度。该系统利用人工智能和自然语言处理技术,快速响应客户的查询和投诉,提供个性化的服务。例如,客户在购物过程中遇到问题时,可以通过智能客服系统即时获得帮助,而无须等待人工客服的响应。智能客服系统还能够分析客户的历史数据和偏好,提供个性化的产品推荐和促销信息。这不仅提升了客户的购物体验,还增加了客户的购买意愿和忠诚度。通过这种方式,雨果博斯不仅提升了客户满意度,还增强了品牌的市场竞争力。

雨果博斯的智能客服系统集成了多种先进技术,包括机器学习算法和自然语言处理(NLP)技术。这些技术使客服系统能够理解客户的语言和意图,提供准确和及时的回复。例如,当客户在网上商店浏览商品时,智能客服系统可以根据客户的浏览记录和历史购买数据,推荐其可能感兴趣的商品和促销活动,从而增加销售机会。此外,雨果博斯还通过智能客服系统收集和分析客户反馈,了解客户的需求和偏好。这些数据不仅帮助企业改进了产品和服务,还为市场营销和客户关系管理提供了宝贵的参考。例如,通过分析客户的反馈,企业可以识别出常见问题和投诉,及时采取措施进行改进,提升整体服务质量和客户满意度。

3.汤姆斯：以"一买一捐"模式践行社会责任

汤姆斯（TOMS）是一家美国鞋履和配饰品牌，以其独特的"一买一捐"（one for one）商业模式而闻名。自2006年成立以来，汤姆斯承诺每售出一双鞋，就为有需要的儿童捐赠一双新鞋。这一举措不仅满足了贫困地区儿童的基本需求，还提升了品牌的社会责任感和客户忠诚度。

汤姆斯的社会责任举措不仅提升了品牌形象，还增强了客户对品牌的情感连接。许多消费者表示，他们更愿意支持那些关注社会责任和可持续发展的品牌。这种通过社会责任感提升客户满意度的策略，为汤姆斯带来了显著的市场优势。

此外，汤姆斯还关注环境保护，致力于减少生产过程中的碳排放，使用可再生材料。这些环保举措不仅响应了全球消费者对可持续发展的需求，还增强了品牌的市场竞争力和客户满意度。

4.李维斯的智能定制服务

李维斯在其全球旗舰店推出了智能定制服务，客户可以在店内通过3D打印技术定制个性化的牛仔裤产品。客户可以选择不同的颜色、材质和设计元素，通过与店内设计师的互动，制作出完全符合自己需求的产品。这种高度个性化的服务不仅提升了客户的购物体验，还增强了客户对品牌的忠诚度。智能定制服务使李维斯能够更好地满足客户的个性化需求，加快了市场响应速度，提高了客户满意度。这种服务模式不仅提高了产品的附加值，还增强了品牌的市场竞争力和客户黏性。李维斯的智能定制服务包括一个全面的数字平台，客户可以通过该平台在线预览和设计自己的牛仔裤。在实体店中，客户可以体验到全息投影和增强现实技术，实时查看设计效果。这些先进技术的应用，不仅提高了客户的参与感和满意度，还缩短了产品的生产周期和交付时间。此外，李维斯还利用大数据分析和人工智能技术，了解客户的偏好和需求，提供更加精准的定制服务。例如，通过分析客户的历史购买数据和设计偏好，系统可以为客户推荐最受欢迎的设计元素和组合方案，提高定制过程的效率和满意度。

通过RFID技术的应用、智能客服系统的引入、社区服务与公益活动以及智能定制服务，智能制造技术显著提高了客户满意度。企业通过这些技术和服务模式，不仅优化了生产流程和产品质量，还增强了客户互动和品牌忠诚度。未来，随着智能制造技术的不断发展和普及，辽宁省的服装制造企业将实现更高水平的客户满意度，进一步增强其国际市场竞争力。

三、实现可持续发展

（一）绿色制造的必要性

1. 环境保护与减排

服装制造业是全球碳排放和环境污染的重要来源之一。传统的服装制造过程中使用大量的水、能源和化学品，导致了严重的环境问题。绿色制造通过采用环保材料和清洁生产技术，可以显著减少生产过程中的碳排放和污染。例如，采用有机棉、再生纤维和低影响染料，可以减少对环境的负面影响。

此外，绿色制造还强调能源效率的提高和废物管理的优化。通过使用可再生能源，如太阳能和风能，以及先进的废水处理技术，企业可以减少对环境的影响。例如，一些领先的服装企业已经开始在其工厂中安装太阳能电池板和风力发电机，以减少对传统能源的依赖，降低碳排放。

2. 经济效益与竞争力提升

实施绿色制造不仅有助于环境保护，还可以带来显著的经济效益。通过优化生产流程和提高资源利用率，企业可以降低生产成本，提高生产效率。例如，采用智能制造技术和自动化设备，可以减少能源和材料的浪费，降低生产成本。同时，绿色制造还可以提高产品的市场竞争力，吸引越来越多关注环保和可持续发展的消费者。绿色制造还可以帮助企业开拓新的市场和商机。例如，随着全球环保意识的提高，越来越多的消费者和企业客户倾向于选择环保产品。通过实施绿色制造，企业可以满足这些需求，提升品牌形象，扩大市场份额。

3. 社会责任与法律法规

企业实施绿色制造也是履行社会责任的重要体现。随着全球可持续发展目标的推进，企业需要在环境保护和社会责任方面做出更多努力。通过实施绿色制造，企业可以减少对环境的负面影响，推动社会可持续发展。例如，一些企业通过参与环保公益活动和项目，积极推动环境保护和资源可持续利用，提高了社会形象和公众认可度。同时，越来越多的国家和地区出台了严格的环保法规，要求企业在生产过程中减少污染物排放和资源浪费。实施绿色制造不仅可以帮助企业遵守这些法规，避免法律风险，还可以获得政府的支持和奖励。一些国家和地区为实施绿色制造的企业提供税收优惠和资金支持，鼓励企业进行环保投资和技术创新。

4. 长期可持续发展

绿色制造是实现长期可持续发展的关键。通过优化资源利用和减少环境影响，企业可以在激烈的市场竞争中保持竞争优势。例如，采用循环经济模式，通过产品设计、生产和回收的全生命周期管理，企业可以实现资源的高效利用和废物的最小化。此外，绿色制造还可以促进技术创新和产业升级。通过研发和应用先进的环保技术，企业可以提高生产效率和产品质量，推动产业向高端化、智能化和绿色化方向发展。例如，通过引入数字化技术和智能制造系统，企业可以实现生产过程的自动化和精细化管理，提高资源利用效率，降低生产成本。

绿色制造在服装制造业中具有重要的必要性，它不仅可以减少环境污染和碳排放，提高资源利用效率，还可以带来显著的经济效益和市场竞争力。通过实施绿色制造，企业可以履行社会责任，遵守环保法规，实现长期可持续发展。未来，随着绿色制造技术的不断发展和应用，辽宁省的服装制造企业将在全球市场中保持竞争优势，推动行业的可持续发展。

（二）环保材料与工艺的应用

1. 有机纤维与再生纤维

有机纤维与再生纤维是环保材料应用的典型代表。有机棉是一种不使用合成农药和化肥种植的棉花，通过这种方式生产的纺织品不仅减少了对环境的污染，还提高了产品的安全性和舒适性。例如，巴塔哥尼亚公司广泛使用有机棉，并通过其产品标签向消费者传递环保理念，提升品牌价值。再生纤维则包括回收聚酯纤维、再生尼龙等。这些材料通过回收废旧服装和塑料瓶制成，不仅减少了废弃物的产生，还降低了对新原材料的需求。安踏作为中国领先的体育用品品牌，积极推动环保与可持续发展。其"唤能科技"环保系列产品通过回收废弃塑料瓶，制造再生涤纶面料。截至2021年，安踏累计回收了940万个废弃塑料瓶，用于生产环保产品。此外，安踏在包装方面也进行了改进，逐步将包装从PE材料转为100%可再生循环的LDPE环保材料。这些举措不仅减少了环境污染，还为消费者提供了绿色消费选择，提升了品牌形象和市场竞争力。通过采用再生纤维材料，安踏展示了其对环境保护的承诺，为行业树立了可持续发展的典范。

2. 低影响染料与无水染色技术

传统的染色工艺对水资源和环境的污染极为严重。为了减少这一影响，许多企业开始采用低影响染料和无水染色技术。低影响染料在生产和使用过程中消耗的水和能源较少，同时减少了有害化学物质的排放。例如，瑞士公司蓝标技术（Bluesign Technologies）通过认证和推广低影响染料，帮助纺织企业减少对环境的影响。无水染色技术是近年来兴起的一种环保染色工艺。与传统染色工艺相比，无水染色技术几乎不需要使用水，同时显著减少了能源消耗和废水排放。例如，染料库（DyeCoo）公司开发的无水染色技术已经被多家国际知名品牌采用，通过使用二氧化碳代替水作为染色介质，实现了更环保的染色过程。这种技术不仅提高了染色效率，还减少了对环境的污染，赢得了市场的广泛认可。

3.生物基材料

生物基材料是由可再生生物资源制成的材料，它们在生产和废弃过程中对环境的影响较小。聚乳酸（PLA）纤维是一种典型的生物基材料，它由玉米等植物提取的乳酸制成，具有良好的生物降解性和环境友好性。服装企业通过使用PLA纤维，不仅可以减少对石油基材料的依赖，还能够提供更加环保的产品选择。这些产品不仅符合环保标准，还通过独特的设计和高质量的生产，赢得了消费者的青睐，提升了品牌的环保形象。

4.先进环保工艺的引入

除了材料方面的创新，先进的环保工艺也是实现绿色制造的重要手段。例如，激光切割技术可以减少传统裁剪工艺中的材料浪费，提高生产效率。通过精确的激光切割，企业可以最大限度地利用每一块面料，减少废料的产生。另外，3D打印技术在服装制造中的应用也逐渐增多。3D打印技术不仅可以实现复杂设计的精准制造，还可以根据需求进行按需生产，减少了库存和浪费。例如，一些高端定制品牌已经开始采用3D打印技术，为客户提供量身定制的服装和配件，通过减少材料浪费和优化生产流程，实现更加环保的制造过程。

5.环保材料认证与标准化

为了确保环保材料的真实性和环保工艺的标准化，国际上已经制定了多种环保认证和标准。例如，全球有机纺织品标准（Global Organic Textile Standard，GOTS）认证要求纺织品在生产过程中必须符合严格的环保和社会责任标准。通过获得GOTS认证，企业可以向消费者证明其产品的环保性和可持续性。类似地，蓝标认证也是一个重要的环保标准，其要求企业在生产过程中采用环保材料和技术，减少有害物质的使用和排放。通过这些认证和标准,企业不仅可以提升产品的市场竞争力,还可以增强消费者的信任和认可。

通过广泛应用有机纤维与再生纤维、低影响染料与无水染色技术、生物基材料和先进环保工艺,服装制造企业不仅可以显著减少对环境的影响,还可以提升产品的市场竞争力和品牌价值。未来,随着环保材料和工艺技术的不断进步,辽宁省的服装制造企业有望在全球市场中保持领先地位,实现可持续发展的目标。

(三)可持续发展案例分析

1. 巴塔哥尼亚的可持续发展实践

巴塔哥尼亚是可持续发展领域的标杆企业,其可持续发展实践不仅在服装制造业中具有重要示范意义,还为其他行业提供了宝贵经验。自1986年起,巴塔哥尼亚承诺将总销售额的1%或总利润的10%捐赠给环保非营利组织和倡导团体。这一承诺在近40年内持续进行,累计捐赠超过1亿美元用于环境保护项目。

巴塔哥尼亚的可持续发展战略不仅体现在资金捐赠上,还包括多种环保措施。例如,该公司在其美国设施中100%使用可再生能源,并且其产品线中98%的产品使用再生材料。通过这种方式,巴塔哥尼亚大幅减少了其碳足迹和资源消耗,成为环保领域的先锋。此外,巴塔哥尼亚积极推动人们增强环保意识,开展了多项环保宣传活动和社区项目。自1988年起,巴塔哥尼亚每年围绕一个特定的环保议题进行宣传,首个议题是去城市化的优胜美地山谷保护。此后,该公司还参与了多个全球化环保运动,通过其影响力推动环境保护的实质性改变。

2. 李维斯的可持续创新

李维斯在可持续发展方面同样具有突出表现,其"Water<Less"项目旨在减少水资源的使用。为了达成这一目标,李维斯通过多种措施减少环境影响,包括使用再生材料、优化生产工艺和提高能源效率。李维斯的

Water<Less 技术是其环保创新的典范。这项技术通过改进牛仔裤的生产工艺，减少了 96% 的用水量。此外，李维斯还在其产品中广泛使用再生棉和再生聚酯（rPET）纤维，进一步减少了资源消耗和环境影响。在供应链管理方面，李维斯通过引入智能物流系统，实现了供应链的高效管理和透明化。通过使用物联网技术，李维斯能够实时监控供应链各环节，优化物流路径，减少运输时间和成本。智能供应链系统不仅提高了运营效率，还减少了碳排放，进一步推动了可持续发展。

3. 乐斯菲斯的循环时尚

乐斯菲斯（The North Face）通过其循环时尚战略，致力于实现全生命周期的可持续发展。该公司推行了旧衣回收项目，鼓励消费者将不再穿着的服装送回店铺进行回收。回收的衣物通过分类处理，有的被转化为新的纺织品，有的被捐赠给慈善机构，还有的被用于工业材料生产。乐斯菲斯还在其产品设计中引入了循环经济理念，通过设计简化回收和再利用过程。该公司推出了一系列使用单一材质的产品，便于回收时进行处理。此外，乐斯菲斯还积极研发环保材料，如有机棉和再生聚酯纤维，减少对环境的负面影响。在供应链管理方面，乐斯菲斯与供应商密切合作，推动供应链的绿色化。通过严格的供应商审核机制，乐斯菲斯确保其供应链中的每一个环节都符合环保标准。该公司还通过供应链透明度项目，向公众披露其供应链的详细信息，增强了企业的可信度和透明度。

通过分析巴塔哥尼亚、李维斯和乐斯菲斯的可持续发展实践，可以看出这些企业在环保材料使用、生产工艺优化和供应链管理等方面取得了显著成效。它们不仅减小了环境影响，还提升了市场竞争力和品牌价值。辽宁省的服装制造企业可以借鉴这些成功经验，通过引入环保材料和先进工艺，实现可持续发展目标，增强企业在全球市场中的竞争力。

第四节 智能化升级与绿色转型的全球趋势与理论支撑分析

一、理论模型

从各国服装制造企业的实践来看,全球服装产业正呈现出从"劳动密集型"向"智能融合型"与"绿色循环型"的深层转型趋势。这一过程不仅是技术更新的结果,更是消费需求变化、全球治理规范与企业可持续责任共同推动的结果。为了更系统地理解这一趋势,可引入以下三个关键理论模型。

1. "双元转型"理论

"双元转型"(dual transformation)模型强调企业需同时实现两个方向的转型:一是"数字转型":通过智能制造、AI、物联网等手段优化效率与反应速度;二是"绿色转型":通过节能降碳、循环设计与全生命周期管理实现可持续发展。

德国的雨果博斯、法国的开云集团等企业,正是将这两类转型并行推进,形成了"低碳+高效"的竞争新优势。

2. "网络化制造"与"工业互联网"融合框架

随着全球供应链碎片化与多点制造的常态化,传统垂直整合的生产模式正逐步被"网络化制造(networked manufacturing)"所取代。该理论强调通过工业互联网平台,实现供应链上下游企业之间的信息共享与协同控制。

如美国 VF 集团等公司，借助云平台、预测算法与数字设计工具，实现了"多地协作＋个性化响应"的柔性制造能力。

3."生命周期评估"与"环境盈亏"模型

生命周期评估（LCA）强调从原材料、生产、运输、使用到回收的全过程环境影响监控。法国开云集团使用 EP&L 模型将各阶段环境损益量化并纳入管理，是这一理论的典型实践。

该模型对中国企业有重要借鉴意义，不仅强调"减排"，更强调"衡量减排"，为政府政策制定、企业责任评价提供数据基础。

二、理论模型对中国服装制造业的本地化借鉴路径

对于中国，特别是辽宁省服装制造企业而言，以上理论模型不仅提供了转型路径的认知框架，更具有强烈的落地指导意义。

首先，在"双元转型"视角下，辽宁省本地企业在智能化升级方面可通过引入自动化缝纫系统、AI 质检平台、MES 生产管控系统，实现快速反应与低人力依赖；在绿色转型方面则可结合区域资源状况，发展再生纤维面料、水循环染整工艺与环保节能控制系统，构建"低碳＋高效"的本地新型制造体系。

其次，面对供应链碎片化趋势，可借鉴"网络化制造"模式，打造区域级服装工业互联网平台，推动中小服装企业间的数据共享、物流联动与生产协同，加快集群整体响应速度。通过打造"数字平台＋共享制造中心"模式，可有效突破中小企业智能化成本高、技术薄弱等瓶颈。

最后，LCA 与 EP&L 方法的引入，将为辽宁省企业在品牌建设、国际贸易与绿色认证中提供优势。例如，大连市部分企业若能采用产品碳足迹全生命周期核算，不仅有助于进入欧美绿色供应链，也将获得政府节能环保政策支持与信用背书。

综上所述，理论模型的实践化推进，需要政府、科研机构与企业形成合力，构建"本地化智能＋绿色"的政策激励与实施体系，才能将全球经验有效转化为辽宁省服装制造业的竞争优势。

全球服装产业的智能化与绿色转型已不再是单一技术升级，而是涉及生产方式重构、组织关系重塑与价值理念更新的系统变革。理论模型为实践提供了逻辑框架，而企业案例则为理论落地提供了生动样本。中国服装制造业在推进自身转型过程中，需充分借鉴上述"双元转型＋网络化协同＋生命周期管理"的经验路径，在实现制造升级的同时，提高全球绿色竞争力。

第二章 智能制造技术在服装制造业的应用

第一节 物联网技术

一、物联网技术概述

1. 物联网的基本概念

物联网是指通过各种信息传感设备,如传感器、射频识别(RFID)技术、全球定位系统(GPS)等,将物品与互联网连接起来,以实现智能化识别、管理和控制的网络系统。物联网的核心在于通过信息技术手段实现物理世界和数字世界的无缝连接。在物联网体系中,各种物品通过内嵌的传感器、通信模块和计算能力,能够自主地进行信息交换和处理。这种能力不仅使物品之间能够相互"对话",还使物品与人类用户进行互动,提供智能化的服务和解决方案。物联网的主要特征包括通过传感器等设备,全面感知物理世界的各种信息,如温度、湿度、位置等;通过有线或无线网络,将感知到的信息可靠地传输到云端或其他设备进行处理;通过数据分析和人工智能技术,对传输的信息进行智能处理,提供决策支持或自动执行特定任务。

2. 物联网的架构

物联网的架构一般可以分为三个层次：感知层、网络层和应用层。每个层次在物联网系统中承担着不同的功能。感知层是物联网系统的基础层，通过各种传感器和设备采集物理世界中的数据。这些设备可以是RFID标签、温度传感器、湿度传感器、压力传感器等。感知层的数据采集不仅涉及物品的基本状态，还包括环境的变化信息。网络层负责数据的传输和中继。它将感知层采集到的数据通过各种通信技术，如无线网络（Wi-Fi）、蓝牙、紫蜂（Zigbee）、蜂窝网络等，传输到数据中心或云端。网络层的可靠性和传输效率直接影响到物联网系统的整体性能。应用层是物联网的高级层次，负责数据的分析和处理。通过大数据分析、人工智能等技术，可以对数据进行深度挖掘和智能处理，从而为用户提供智能化的应用服务。在智能制造中，应用层可以对生产数据进行实时监控和分析，优化生产流程，提高生产效率。

3. 物联网的关键技术

实现物联网的关键技术主要包括传感技术、通信技术、云计算和边缘计算技术与数据分析和人工智能技术。传感技术通过各种传感器设备采集物理世界中的信息，是物联网的基础。传感器的种类繁多，包括温度传感器、湿度传感器、压力传感器、光电传感器等。传感器的精度和稳定性直接影响物联网系统的数据质量。通信技术负责数据的传输和中继，是物联网的中枢。常用的通信技术包括Wi-Fi、蓝牙、Zigbee、窄带物联网（NB-IoT）等。不同的应用场景对通信技术有不同的需求，如距离、带宽、功耗等。随着物联网设备数量的增加，数据量呈指数级增长，云计算和边缘计算技术提供了强大的计算和存储能力，使物联网系统能够实时处理和存储海量数据。数据分析和人工智能技术是物联网的智能核心。通过对采集到的数据进行深度分析和挖掘，物联网系统可以实现智能化的决策支持和自动化控制。

4.物联网的应用

在智能制造领域，物联网技术发挥着重要作用。通过将生产设备、原材料、生产环境等要素连接到物联网系统中，企业可以实现生产过程的全面感知、实时监控和智能优化。例如，通过RFID技术，企业可以实时追踪原材料和产品的流动情况，提高供应链的透明度和管理效率；通过传感器监控生产环境，企业可以优化生产参数，提高产品质量和生产效率。物联网技术的应用还使制造过程更加灵活和高效。通过智能化的数据分析和处理，企业可以实现生产设备的预防性维护，减少设备故障和停机时间；通过数据驱动的生产优化，企业可以动态调整生产计划，满足市场需求的快速变化，提高市场响应速度。

物联网技术通过全面感知、可靠传输和智能处理，构建了一个智能化、网络化的生产环境。它不仅提高了生产效率和产品质量，还增强了企业的市场竞争力。随着物联网技术的不断发展和应用，智能制造将迎来更加广阔的发展前景，实现更高水平的智能化和可持续发展。

二、物联网技术在制造业中的应用

1.设备监控与维护

物联网技术使制造企业能够实时监控设备的运行状态，进行预测性维护，减少设备故障和停机时间。通过在设备上安装传感器，企业可以收集温度、压力、振动等数据。这些数据通过物联网传输到中央系统进行分析，识别潜在问题。例如，某设备的振动频率异常，系统自动发出警报，提示维护人员检查和修复，避免设备故障带来的生产中断。在实际应用中，通用电气（GE）的Predix平台是一个典型案例。该平台通过物联网技术监控涡轮机、发电机等设备的运行状态，进行预测性维护，显著减少了设备故障率和维护成本。Predix 平台利用传感器采集的实时数据，结合大数据分析和机器学习算法，能够预测设备的维护需求，从而在设备发生故障前进行修复。这种预测性维护模式不仅提高了设备的可用性，还延长了设备的使用寿命。此外，物联网技术还支持远程监控和管理，使得技术人员可以随时随地查看设备状态并进行必要的调整。这种远程管理能力尤其适用于大型制造企业，能够大幅提高维护效率，降低运营成本。通过实时数据分析，企业还可以优化设备运行参数，减少能源消耗，提高生产效率。

2. 智能生产与自动化

物联网技术推动了制造业向智能生产和自动化方向发展。通过将生产设备、传感器和执行系统连接到物联网网络，企业可以实现生产流程的自动化和智能化。在汽车制造过程中，机器人可以通过物联网系统与中央控制系统通信，自动完成焊接、喷漆、装配等任务。这不仅提高了生产效率，还保证了产品的一致性和高质量。例如，西门子在其"数字企业"项目中，利用物联网技术实现了生产过程的全面数字化和自动化。通过物联网连接，西门子可以实时监控和优化生产线的每个环节，提高了生产效率和灵活性。在这种智能生产系统中，所有设备和工位都互联互通，能够实时交换数据，从而实现高度协同的生产模式。智能生产还包括生产线的柔性化改造。通过物联网技术，企业可以根据市场需求变化快速调整生产线配置，灵活生产多种规格和型号的产品。这种柔性制造模式使企业能够更好地应对市场的不确定性，提高市场响应速度。例如，宝马公司在其工厂中使用物联网技术实现了生产线的柔性化改造，大大提高了生产效率和市场适应能力。

3. 供应链管理与优化

物联网技术在供应链管理中发挥着重要作用。通过在物料、仓储、运输等环节应用物联网技术，企业可以实现供应链的透明化和高效管理。利用 RFID 标签和传感器，企业可以实时追踪原材料和产品的位置、库存状态和运输情况，从而优化库存管理，减少库存成本，提高供应链的响应速度。供应链的透明化不仅提高了运营效率，还增强了供应链的协同能力。通过物联网平台，各供应链节点之间可以实时共享信息，及时协调生产和配送计划，避免了信息不对称和协调不畅的问题。例如，雀巢公司通过物联网技术实现了供应链的透明化管理，提升了整体供应链的响应速度和协同效率。

4.能源管理与环保

物联网技术在制造业中的应用还包括能源管理和环保。通过物联网传感器和智能电网技术，企业可以实时监控能源使用情况，优化能源消耗，减少碳排放。例如，传感器可以监控生产设备的能耗情况，通过数据分析，企业可以识别高能耗环节，采取相应措施减少能源浪费。在环保方面，物联网技术可以监控生产过程中的污染物排放。通过传感器监测废气、废水的排放情况，企业可以及时发现和处理环保问题，确保生产过程符合环保法规。西门子在其工厂中广泛应用物联网技术进行能源管理和环保监控，大幅减少了能耗和污染物排放，提高了企业的可持续发展能力。能源管理系统的智能化还包括对能源供应的优化管理。通过物联网技术，企业可以实现对能源供应的动态管理，根据生产需求调整能源供应，避免能源浪费。例如，智能电网技术可以根据实时的能源需求和供应情况，自动调节能源分配，确保能源的高效利用。

5.产品质量控制

物联网技术在产品质量控制中的应用也非常广泛。通过在生产线上安装传感器，企业可以实时监控产品质量，及时发现和纠正生产中的质量问题。在电子产品制造过程中，传感器可以检测焊点的温度和压力，确保每个焊点的质量符合标准。例如，戴尔公司利用物联网技术在其笔记本电脑生产线上进行质量控制。通过传感器监控每个生产环节，戴尔能够及时发现质量问题，并进行相应调整，保证了产品的一致性和高质量。这种实时质量控制不仅提高了产品质量，还减少了返工和废品率，降低了生产成本。物联网技术还可以实现质量数据的追溯管理。通过 RFID 标签和传感器记录每个生产环节的质量数据，企业可以实现产品质量的全流程追溯。一旦发现质量问题，可以迅速定位问题环节，采取措施进行改进。例如，丰田公司通过物联网技术实现了产品质量的追溯管理，提高了质量控制的精度和效率。

6. 客户定制化生产

物联网技术还推动了客户定制化生产的发展。通过物联网技术，企业可以实现按需生产，满足客户的个性化需求。在服装制造中，企业可以利用物联网技术连接设计、生产和物流系统，根据客户的定制需求，自动化生产个性化服装。这种按需生产模式不仅提高了客户满意度，还减少了库存压力和生产成本。例如，李维斯推出了一个定制平台，通过物联网技术，李维斯能够实时获取客户的定制需求，并将这些需求传输到生产系统，实现个性化牛仔服装的快速生产和配送。客户可以在线选择各种设计元素，如颜色、材质和款式，通过物联网技术，这些定制信息被即时传送到生产设备，实现高度个性化的生产。这种模式不仅提升了客户体验，还增强了品牌的市场竞争力。

物联网技术在制造业中的应用极大地提高了生产效率、产品质量和市场响应速度。通过设备监控与维护、智能生产与自动化、供应链管理与优化、能源管理与环保、产品质量控制和客户定制化生产，物联网技术为制造企业提供了全面的解决方案，推动了智能制造的实现。未来，随着物联网技术的不断发展和普及，制造业将迎来更加智能化和高效化的发展新阶段。

三、物联网技术在服装制造业中的应用

（一）生产设备互联与数据采集

物联网技术在服装制造中的应用，特别是生产设备互联与数据采集，

极大地提高了制造效率、产品质量和运营管理水平。

1. 生产设备互联的实现

生产设备互联是物联网技术在智能制造中的核心应用。通过在生产设备上安装各种传感器，企业可以实现设备之间的互联互通，形成智能化的生产网络。这些传感器能够实时采集设备的运行数据，如温度、压力、振动、能耗等，并通过网络传输到中央控制系统进行分析和处理。例如，某服装制造企业在其生产线上的缝纫机、裁剪机、熨烫设备等关键设备上安装了传感器。这些传感器可以实时监控设备的运行状态，并将数据传输到中央控制系统。如果某设备出现异常，系统会自动发出警报，提示维护人员及时进行检查和维修，从而避免设备故障导致的生产中断和产品质量问题。生产设备互联不仅提高了设备的利用率，还增强了生产过程的灵活性。企业还可以根据生产需求，灵活调整设备的运行参数和生产计划，提高生产效率。例如，在生产高峰期，系统可以自动调整设备的运行速度和工作时间，确保生产任务按时完成。

2. 数据采集与实时监控

数据采集是物联网技术在生产设备互联中的关键环节。通过传感器采集到的数据，企业可以实时监控生产过程中的各项参数，及时发现和解决生产中的问题。例如，通过温度传感器，企业可以实时监控烘干设备的温度，确保每批产品的烘干效果一致；通过压力传感器，企业可以监控熨烫设备的压力，确保每件服装的熨烫质量。实时监控不仅提高了生产过程的可控性，还增强了产品质量的稳定性。例如，通过对缝纫机的振动数据进行分析，企业可以及时发现缝纫线的松紧问题，并进行相应调整，确保每件服装的缝纫质量一致。某些先进的物联网系统还可以根据采集到的数据，自动调整设备的运行参数，提高生产效率和产品质量。例如，安踏集团在其生产线上广泛应用了物联网技术，通过传感器实时采集和监控生产设备的数据。系统能够自动分析这些数据，并根据分析结果优化生产流程，减少次品率和返工率。

3.数据分析与预测维护

数据分析是物联网技术在服装制造中的另一个重要应用。通过对采集到的数据进行分析，企业可以进行预测性维护，减少设备故障和停机时间。例如，通过对缝纫机的振动数据进行分析，系统可以预测缝纫机可能出现的故障，并提前安排维护计划，从而避免生产中断。数据分析不仅可以用于预测维护，还可以优化生产流程。例如，通过对生产数据的分析，企业可以识别生产中的瓶颈和低效环节，并采取相应措施进行改进。某些智能制造系统还可以根据数据分析结果，自动调整设备的运行参数，优化生产流程，提高生产效率。例如，西门子在其数字化工厂中，通过物联网技术实时采集和分析设备数据，进行预测性维护和生产优化。系统能够自动识别设备的维护需求，并提前安排维护计划，减少设备故障和停机时间。同时，通过对生产数据的分析，西门子能够优化生产流程，提高生产效率和产品质量。

4.智能化生产管理

通过生产设备互联和数据采集，企业可以实现智能化生产管理。例如，某服装制造企业通过物联网技术，建立了智能生产管理系统。该系统可以实时监控生产过程中的各项参数，并根据数据分析结果进行智能化决策和管理。智能化生产管理不仅提高了生产效率，还增强了生产过程的透明度和可控性。例如，通过实时监控生产数据，企业可以及时发现和解决生产中的问题，确保每批产品的质量一致。同时，智能化生产管理还可以提高生产计划的灵活性和响应速度。例如，当市场需求发生变化时，系统可以根据实时数据，自动调整生产计划，确保生产任务按时完成。某知名服装制造企业通过物联网技术，实现了智能化生产管理。该企业在其生产线上安装了大量传感器，实时采集和监控生产数据。系统可以根据数据分析结果，自动调整设备的运行参数和生产计划，提高生产效率和产品质量。通过智能化生产管理，该企业不仅提高了生产效率，还增强了市场竞争力。

5.汤米希尔费格的智能生产系统

汤米希尔费格（Tommy Hilfiger）在其生产过程中广泛应用了物联网技术，建立了智能生产系统。通过在生产设备上安装传感器，汤米希尔费格能够实时采集和监控生产数据，提高了生产效率和产品质量。例如，通过对生产设备的实时监控，汤米希尔费格能够及时发现和解决生产中的问题，确保每批产品的质量一致。汤米希尔费格的智能生产系统还支持预测性维护，通过对设备数据的分析，系统可以预测设备的维护需求，并提前安排维护计划，减少设备故障和停机时间。同时，通过对生产数据的分析，汤米希尔费格能够优化生产流程，提高生产效率和产品质量。汤米希尔费格的智能生产系统还实现了生产过程的透明化管理。通过实时监控生产数据，汤米希尔费格能够及时发现和解决生产中的问题，确保每批产品的质量一致。同时，智能生产系统还支持生产计划的灵活调整，确保生产任务按时完成，提升了市场竞争力。此外，汤米希尔费格的智能生产系统还通过数据分析帮助企业了解生产过程中各个环节的性能，找出可能的瓶颈和效率低下之处，并进行相应的改进。通过这些措施，汤米希尔费格不仅提高了生产效率和产品质量，还显著增强了企业的市场竞争力和客户满意度。

通过生产设备互联和数据采集，物联网技术在服装制造中的应用极大提高了生产效率、产品质量和运营管理水平。企业通过实时监控生产过程中的各项参数，进行数据分析和预测性维护，实现了生产过程的智能化管理。未来，随着物联网技术的不断发展和普及，服装制造业将迎来更加智能化和高效化的发展新阶段。

（二）实时监控与管理

1.实时监控的重要性

在传统的制造业中，生产过程中的监控和管理主要依靠人工操作，存在效率低下和误差较大的问题。物联网技术通过在生产设备上安装传感器，实现了对生产过程的实时监控和数据采集。这些传感器能够实时采集设备的运行状态、生产参数和环境条件，并将数据传输到中央控制系统进行处理和分析。实时监控的最大优势在于其能够及时发现生产中的问题并迅速采取措施进行纠正。例如，某设备的温度或压力超出正常范围，系统自动发出警报，提示操作人员进行检查和调整，避免生产事故和产品质量问题。

2. 实时数据采集与处理

通过传感器采集到的实时数据，企业可以对生产过程进行全面监控和管理。实时数据包括设备的运行状态、生产线的生产速度、产品的质量参数、环境的温度和湿度等。这些数据通过网络传输到中央控制系统进行实时处理和分析。数据处理不仅包括对生产过程的监控，还包括对数据的分析和预测。例如，通过对设备运行数据的分析，系统可以预测设备的维护需求，提前安排维护计划，避免设备故障导致的生产停机。某些先进的物联网系统还可以根据实时数据进行自动化决策和调整，提高生产效率和产品质量。例如，李维斯通过物联网技术在其生产线上实现了实时数据采集和处理。传感器实时监控生产设备的运行状态，系统根据数据进行分析和优化，提高了生产效率和产品质量。此外，实时数据还帮助李维斯实现了预测性维护，减少了设备故障和停机时间。

3. 实时监控系统

一个完整的实时监控系统通常包括用于实时采集生产过程中的各项数据，如温度、压力、振动、能耗等；用于将采集到的数据传输到中央控制系统；用于接收、处理和分析实时数据，并根据分析结果进行决策和调整。中央控制系统通常包括数据服务器、数据库、数据分析软件和决策支持系统。用于显示实时数据和监控结果，操作人员可以通过用户界面查看设备的运行状态、生产参数和环境条件，进行必要的调整和操作。例如，西门子的实时监控系统包括传感器、数据传输网络、中央控制系统和用户界面。通过这个系统，西门子能够实时监控生产过程中的各项参数，及时发现和解决生产中的问题，提高生产效率和产品质量。

4. 实时管理的应用案例

海尔的实时监控与管理。海尔在其智能制造工厂中广泛应用了物联网技术，建立了实时监控与管理系统。通过在生产设备上安装传感器，海尔能够实时监控设备的运行状态和生产过程中的各项参数。系统可以根据实时数据进行分析和优化，提高了生产效率和产品质量。例如，海尔通过实时监控系统，能够及时发现和解决生产中的问题，确保每批产品的质量一致。系统还支持预测性维护，通过对设备数据的分析，提前安排维护计划，减少了设备故障和停机时间。同时，海尔的实时监控系统还支持生产计划的灵活调整，确保生产任务按时完成。

（三）质量控制

物联网技术在质量控制中的应用显著提升了服装制造业的效率和产品质量。通过实时质量监控、自动化质量检测、数据分析与质量预测、质量溯源与追踪，物联网技术为企业提供了全面的质量管理解决方案。

1. 实时质量监控

物联网技术使企业能够实时监控生产过程中的每一个环节，确保产品质量符合标准。在传统制造过程中，质量检测通常是事后进行的，容易导致次品的产生。而通过物联网技术，企业可以在生产过程中实时监控产品质量，及时发现和纠正问题，避免次品的产生。例如，阿迪亚·比尔拉集团（Aditya Birla Fashion and Retail Limited）采用了高分辨率摄像头和先进软件算法进行实时质量监控。这些系统能够快速检测出面料中的细小缺陷，从而大幅减少次品率和返工率。传感器监控每一针的密度和张力，确保缝纫质量一致，如果检测到异常，系统会自动发出警报，提醒操作人员进行调整。

2. 自动化质量检测

物联网技术实现了质量检测的自动化，减少了人工检测的误差和成本。在传统的质量检测过程中，人工检测不仅效率低下，还容易出现主观误差。通过物联网技术，企业可以利用智能传感器和机器视觉系统，实现对产品的自动化检测。例如，巴塔哥尼亚在其生产线上引入了机器视觉系统，通过摄像头和图像处理技术，对每件成品进行自动化检测。系统可以检测出细小的质量问题，如缝纫线的断裂、面料的瑕疵等，并自动分类和处理。这不仅提高了检测效率，还确保了每件产品的质量符合标准。

3. 数据分析与质量预测

通过物联网技术采集大量生产数据，企业可以进行深入的数据分析和质量预测。通过对历史数据的分析，企业可以识别出影响产品质量的关键因素，并采取相应措施进行改进。通过对生产设备的运行数据和产品质量数据进行分析，企业可以发现某些设备参数对产品质量的影响，从而优化设备设置，提高产品质量。例如，李维斯通过物联网技术采集和分析生产数据，发现了影响缝纫质量的关键因素。通过调整缝纫机的运行参数，李维斯的缝纫质量显著提高，降低了次品率。此外，企业还利用数据分析进行质量预测，根据生产数据预测可能出现的质量问题，并提前采取预防措施。

4. 质量溯源与追踪

物联网技术使企业能够实现产品质量的全程溯源和追踪。在传统的制造过程中，一旦产品出现质量问题，通常难以追踪问题的源头。而通过物联网技术，企业可以对每一批产品的生产全过程进行记录，包括原材料的来源、生产设备的运行状态、操作人员的操作记录等。物联网技术在质量控制中的应用，不仅提高了生产效率和产品质量，还增强了企业的质量管理能力。通过实时质量监控、自动化质量检测、数据分析与质量预测以及质量溯源与追踪，企业能够实现全面的质量控制，确保产品质量的一致性和稳定性。未来,随着物联网技术的不断发展和普及,质量控制将迎来更加智能化和高效化的发展新阶段。

四、物联网技术实施案例分析

(一)国内成功案例

1. 361度与秒优科技合作实现智能化改造

361度是中国知名的体育用品牌,为提升生产效率和市场响应速度,361度与秒优科技合作,对其位于五里工业区的生产基地进行了智能化改造。此次改造以物联网技术为基础,旨在打通企业的数字链条,实现从订单获取到最终交货的全流程信息传递。通过引入秒优科技的解决方案,361度实现了以下改进。

(1)订单管理智能化:通过物联网技术,订单信息能够实时传递至生产线,减少了人工干预,提高了订单处理效率。

(2)生产过程透明化:物联网设备实时监控生产进度和设备状态,使管理者能够及时发现并解决生产中的问题,确保生产的连续性和稳定性。

(3)供应链协同优化:上下游供应商通过物联网平台实现信息共享,优化了原材料采购和库存管理,降低了库存成本。

通过这些措施,361度不仅提升了生产效率,还增强了对市场变化的快速响应能力,进一步巩固了其在体育用品市场的竞争优势。

2. 福建辅布司数字科技有限公司的"辅布司·智纺网联"平台

福建辅布司数字科技有限公司打造了"辅布司·智纺网联"工业互联网平台,服务于当地花边面辅料产业。该平台利用物联网和人工智能技术,对花边面辅料的研发、生产、营销等环节进行重塑,提升了行业整体发展质效。平台的主要特点如下。

(1)AI图像搜索:客户只需导入一张照片,平台自研的"花无缺"AI图像搜索引擎即可在数据库中找到相应的花型面料信息,包括厂家、用料、生产状态、库存和价格等。

（2）虚拟云工厂：通过物联网，平台将当地闲置产能整合成虚拟"云工厂"，根据客户需求，协调原材料厂家和接入平台的生产企业，快速组织生产。

（3）产能调度：平台连接了300多家生产企业的900多台花边机，能够高效调度产能，满足小批量、个性化的生产需求。

"辅布司·智纺网联"平台的应用，使花边面辅料行业的生产效率和资源利用率大幅提升，推动了行业的数字化转型。

3.丹东天光安全服装有限公司的麦斯系统

丹东天光安全服装有限公司位于中国的东北部沿海城市，公司利用麦斯系统实现从设计到销售的全过程实时监控。以下是其实施策略及具体数据。

该服装企业采用麦斯系统实时监控生产进度，主要包括原料入库、生产、质量检验、出库等环节。具体做法如下：原料入库环节：每次新原料进库时，工人使用移动设备或手持终端，实时将数据输入麦斯系统。这些数据包括原料的数量、质量以及相应的批号。这个环节可以保证对原材料进行准确、快速的库存跟踪和来源追溯。例如，在过去的一周内，新进原料30批次，均通过系统完成实时入库，每批次数据输入时间平均在2min内完成。生产过程：生产过程中的设备配备有传感器和监测器，它们能将生产线上的速度、产品完成率等信息实时传至麦斯系统。麦斯系统将通过大数据分析工具实时监控这些信息，帮助决策层分析生产线运行状况。数据显示，生产线完成率提高了5%，这是因为及时发现并修复了多处机器小问题。

通过麦斯系统，企业能够实时监控店铺的库存、销售数据和市场需求信息。具体措施如下。

（1）库存管理：在系统中设定最低库存量，一旦低于最低库存量，系统会即时通知相关人员补货或调配其他地区的库存资源。此功能在去年曾成功避免多次由于库存短缺而造成的客户退单问题。数据显示，此措施实施后，企业的产品缺货率下降了近3%。

（2）市场需求：企业通过对各大平台的数据进行分析和追踪，使用麦斯系统的数据模块可以准确地获取关于某一商品的点击量、搜索量和销量数据等信息。同时分析购买行为及流行趋势的变化。

依据这些信息可以提前预判产品的热销周期以及款式受欢迎度。近几次产品的上架表现明显证明通过系统的数据挖掘后预判销售信息的准确度在提升中。预测成功的例子之一是一款即将到来的夏季热销款式，该款式的订单量在预售阶段比去年同期增加了20%。

品质是企业的生命线，通过麦斯系统企业能够实时监控品质情况并进行改进。例如，质检员在检测产品时，会使用移动设备即时上传质检报告至系统。一旦发现质量问题或不合格产品，系统会立即通知相关人员进行处理。此外，系统还会对质检数据进行统计和分析，帮助企业找出品质问题的根源并制订相应的改进措施。数据显示，通过此项措施的实施，企业的产品合格率提高了近10%。

综上所述，通过麦斯系统的实时监控功能，该服装企业能够更有效地管理生产、销售和库存等环节，从而提升企业的整体运营效率和客户满意度。以上数据仅供参考，具体实施效果还需根据企业实际情况进行调整和优化。

通过以上国内外成功实施物联网技术的案例可以看出，物联网技术在服装制造业中的应用极大地提高了生产效率、产品质量，加快了市场响应速度。企业通过引入物联网技术，实现了生产流程的全面智能化管理，提升了市场竞争力。未来，随着物联网技术的不断发展和普及，服装制造业将迎来更加智能化和高效化的发展新阶段。

（二）国外成功案例

1. 汤米希尔费格的智能生产系统

汤米希尔费格是物联网技术在服装制造业成功应用的典范。通过物联网技术实现了高度自动化和灵活的生产流程。通过传感器和智能设备，汤米希尔费格能够实时监控生产线的各个环节，确保每个步骤的高效运作。智能生产系统不仅提高了生产效率，还能快速响应市场需求，实现定制化生产。通过这些技术，汤米希尔费格大幅减少了生产周期，从而提升了市场竞争力。例如，汤米希尔费格使用的智能缝纫设备和机器人自动化系统，使得个性化定制产品的生产更加快捷和精准。这些技术使汤米希尔费格可以根据客户的具体需求，快速生产出个性化的服装，满足消费者的多样化需求。这不仅提升了客户满意度，还增强了品牌的市场竞争力。

2. 酷特智能的"互联网+服装产业"模式

酷特智能通过"互联网+服装产业"的模式，实现了服装的大规模个性化定制。在其制造工厂内，工人通过智能吊挂装置和电子卡片，按照每件西服的个性化要求进行生产。每件个性化的西服需要经过400多道工序，年产量达40多万套。这种智能制造模式提高了生产效率，满足了消费者的个性化需求。

第二节　大数据技术

一、大数据技术概述

1. 大数据的基本概念

大数据是指无法通过传统数据处理工具和技术有效处理的大规模数据

集。这些数据集通常具有体量巨大、增长速度快、类型多样和价值密度低的特点。大数据的核心在于通过高效的数据处理和分析，从海量数据中提取有价值的信息和知识，支持企业的战略决策和运营优化。大数据技术通过采集、存储、处理和分析大量的数据，能够帮助企业洞察市场趋势、优化业务流程和提升客户体验。例如，在服装制造业中，通过大数据分析，企业可以了解消费者偏好，优化生产流程，提高市场响应速度和客户满意度。大数据的应用不仅改变了企业的运营模式，还推动了行业的数字化转型，使得企业能够在竞争激烈的市场中保持优势。

2. 大数据的特征

大数据的特征通常被归纳为"五个 V"：体量（volume）、速度（velocity）、多样性（variety）、真实性（veracity）和价值（value）。体量方面，大数据的最明显特征是数据量巨大。随着互联网、物联网和社交媒体的发展，数据的生成速度呈指数级增长。据统计，每天产生的数据量已达数十亿兆字节。这些数据不仅来源广泛，还包括结构化数据、半结构化数据和非结构化数据，如文本、图像、视频、传感器数据等；速度方面，现代社会中，数据的产生和传输速度越来越快，要求数据处理系统能够实时或近实时地处理和分析数据。例如，在电子商务平台上，系统需要实时分析用户的浏览和购买行为，提供个性化的推荐和服务；多样性方面，大数据的类型多样，涵盖了结构化、半结构化和非结构化数据。结构化数据是指具有固定格式的数据，如数据库表中的数据；半结构化数据则包括 XML、JSON 等格式的数据；非结构化数据则包括文本、图像、视频、音频等。这种多样性使大数据的处理和分析更加复杂，但也为数据挖掘和知识发现提供了丰富的素材；真实性方面，大数据的真实性指的是数据的质量和可靠性。由于数据来源广泛，数据的准确性和一致性可能会受到影响。例如，社交媒体上的数据可能存在噪声和错误，传感器数据可能存在故障和失真。因此，在进行大数据分析时，需要对数据进行清洗和验证，确保分析结果的准确性和可靠性；价值方面，大数据的最终目标是从海量数据中提取有价值的信息和知识，为企业和组织提供决策支持。大数据的价值密度相对较低，需要通过先进的数据分析技术和工具，从中提取出有用的信息。例如，通过对客户行为数据的分析，企业可以优化市场营销策略，提高客户满意度和忠诚度。

3. 大数据的技术架构

大数据的处理和分析通常需要复杂的技术架构，包括大数据采集、存储、处理和分析四个主要环节。大数据采集是大数据处理的第一步，包括从各种数据源获取数据。这些数据源可以是内部系统（如 ERP、CRM）、外部系统（如社交媒体、物联网设备）以及第三方数据提供商。数据采集的技术包括日志收集、传感器数据采集、网络爬虫等。大数据存储需要高效、可靠的存储系统，能够支持海量数据的存储和快速访问。常用的大数据存储技术包括分布式文件系统（如 HDFS）、NoSQL 数据库（如 Cassandra、MongoDB）和数据仓库（如 Amazon Redshift）。大数据处理包括数据的清洗、转换、整合和分析。数据清洗是指对数据进行预处理，去除噪声和错误；数据转换是指将数据转换为分析所需的格式；数据整合是指将来自不同数据源的数据进行合并和统一；数据分析是指对数据进行挖掘和建模，提取有价值的信息和知识。常用的数据处理技术包括 MapReduce、Spark等分布式计算框架。大数据分析是大数据处理的最后一个环节，主要包括描述性分析、诊断性分析、预测性分析和规范性分析。描述性分析是指对数据进行总结和描述，揭示数据的基本特征和趋势；诊断性分析是指对数据进行深入分析，查找问题的原因和影响因素；预测性分析是指利用数据进行预测，预测未来的趋势和结果；规范性分析是指利用数据进行优化和决策，提供最优的解决方案和行动方案。

大数据技术通过对海量数据的高效处理和分析，为企业和组织提供了深度洞察和决策支持。其基本概念和特征包括数据的体量、速度、多样性、真实性和价值，以及复杂的数据处理和分析技术架构。通过合理应用大数据技术，企业可以提高生产效率，优化运营管理，提升市场竞争力，实现更高水平的智能化和可持续发展。

二、大数据技术在制造业中的应用

1. 生产过程优化

大数据技术通过对生产数据的实时采集和分析，帮助制造企业优化生产流程，提高生产效率。例如，通过对生产设备运行数据的分析，企业可以识别出生产中的瓶颈和低效环节，并采取相应措施进行改进。某些智能制造系统还可以根据数据分析结果，自动调整设备的运行参数，优化生产流程，提高生产效率。例如，通用电气（GE）利用其Predix平台，通过大数据分析和物联网技术，对生产设备进行实时监控和优化，大幅提高了生产效率和设备利用率。在汽车制造行业，福特公司利用大数据技术优化其生产流程。通过对生产线上的传感器数据进行分析，福特能够实时监控每个生产环节的状态，发现并解决生产中的问题，从而提高生产效率和产品质量。此外，福特还利用大数据技术进行预测性维护，减少了设备故障和停机时间，确保了生产的连续性和稳定性。

2. 质量控制与预测

大数据技术在质量控制中的应用，能帮助制造企业提高产品质量，减少次品率。通过对生产数据的实时分析，企业可以监控生产过程中的每一个环节，及时发现和解决质量问题。例如，波音公司在其飞机制造过程中，利用大数据技术对生产数据进行实时分析，确保每个零部件的质量符合标准。波音通过传感器数据和大数据分析，能够在生产过程中及时发现质量问题并进行调整，确保最终产品的质量和安全性。预测性维护也是大数据技术在质量控制中的一个重要应用。通过对设备运行数据的分析，企业可以预测设备的维护需求，提前安排维护计划，减少设备故障和停机时间。例如，西门子在其制造工厂中，利用大数据技术进行设备的预测性维护，减少了设备故障率，提高了生产效率和产品质量。通过大数据分析，西门子能够预测设备的维护需求，并在设备发生故障前进行维护，确保生产的连续性和稳定性。

3. 供应链管理与优化

大数据技术在供应链管理中的应用，可以帮助制造企业实现供应链的透明化和高效管理。通过对供应链各环节数据的实时采集和分析，企业可以优化库存管理，减少库存成本，提高供应链的响应速度。在服装制造业中，雨果博斯利用大数据技术优化其供应链管理。通过对销售数据、生产数据和物流数据的实时分析，雨果博斯能够快速响应市场变化，调整生产和配送计划，确保商品的及时补货和供应。雨果博斯的供应链管理系统能够实时获取门店的销售数据，帮助公司及时调整生产和配送计划，提高了市场响应速度和竞争力。雨果博斯通过引入智能供应链管理系统，利用物联网和大数据技术对整个供应链进行监控和优化。传感器和RFID标签被应用于仓储和物流环节，实时跟踪每件商品的库存状态和位置。通过对这些数据的实时分析，雨果博斯能够优化库存水平，避免发生过量库存和缺货问题。此外，智能供应链系统还可以根据销售数据预测市场需求，提前调整生产计划，确保生产与市场需求的无缝对接。

4. 客户需求预测与产品开发

大数据技术通过对市场数据和客户行为数据的分析，帮助制造企业预测客户需求，优化产品开发流程。例如，通过对社交媒体、电子商务平台和客户反馈数据的分析，企业可以了解客户的偏好和需求，开发出更符合市场需求的产品。在电子产品制造行业，苹果公司通过大数据技术预测市场需求，优化产品开发流程。苹果公司利用大数据技术分析市场趋势和客户反馈数据并预测未来的产品需求，从而优化产品设计和开发，提高了产品的市场竞争力和客户满意度。

5.智能制造与自动化

大数据技术推动了制造业向智能制造和自动化方向发展。通过对生产数据的实时采集和分析，企业可以实现生产流程的自动化和智能化。例如，在汽车制造过程中，机器人可以通过大数据系统与中央控制系统通信，自动完成焊接、喷漆、装配等任务。这不仅提高了生产效率，还保证了产品的一致性和高质量。特斯拉公司在其电动汽车制造过程中，就广泛应用了大数据技术，实现了生产的高度自动化和智能化。通过大数据技术，特斯拉能够实时监控生产线的各个环节，优化生产流程，减少生产周期，提高生产效率和产品质量。特斯拉的智能制造系统能够根据实时数据自动调整生产参数，确保每辆汽车的一致性和高质量。

6.能源管理与可持续发展

大数据技术在能源管理和可持续发展中的应用，可以帮助制造企业优化能源使用，减少碳排放，推动可持续发展。通过对能源使用数据的实时采集和分析，企业可以优化能源管理，提高能源利用效率，减少能源浪费。例如，通用电气通过大数据技术优化其制造工厂的能源管理，减少了能源消耗和碳排放，推动可持续发展。在服装制造业中，李维斯利用大数据技术优化其生产过程中的能源使用和废水处理。通过对生产数据的分析，李维斯能够优化生产流程，减少能源消耗和废水排放，提高了生产效率和环境可持续性。李维斯还通过大数据技术预测未来的能源需求，制订可持续发展计划，推动企业的绿色转型。

大数据技术在制造业中的应用，通过优化生产过程、提高产品质量、优化供应链管理、预测客户需求、推动智能制造与自动化以及优化能源管理与可持续发展，为制造企业带来了显著的效益。通过合理应用大数据技术，企业可以提高生产效率，优化运营管理，提升市场竞争力，实现更高水平的智能化和可持续发展。大数据技术在现代制造业中的广泛应用，不仅提升了企业的运营效率，还推动了行业的数字化转型，使企业能够在瞬息万变的市场环境中保持竞争优势。

三、大数据技术在服装制造业中的应用

(一) 数据收集与分析

1. 数据收集

在服装制造业中,数据收集是大数据技术应用的第一步。数据的来源广泛,主要包括生产设备、供应链、市场销售和消费者行为等。数据收集的主要方式包括：通过在生产设备上安装传感器,企业可以实时监控设备的运行状态和生产参数。这些数据包括温度、压力、湿度、振动等,通过物联网技术,传感器将这些数据实时传输到中央控制系统。例如,雨果博斯在其生产线上安装了大量传感器,实时收集生产数据,确保每个生产环节的顺利进行。通过RFID标签和传感器技术,企业可以实时追踪原材料和产品在供应链中的流动情况。这些数据能够帮助企业优化库存管理,减少库存成本,提高供应链的透明度和效率。雨果博斯利用RFID技术对供应链进行实时监控,确保库存的准确性并及时补货,提升了供应链管理水平。通过对市场销售数据的收集,企业可以了解产品的市场表现和销售趋势。这些数据包括销售量、库存水平、退货率等。电子商务平台和零售门店的数据都是重要的数据源。李维斯通过分析社交媒体和客户反馈数据,了解消费者的偏好和需求,从而优化产品设计和市场推广策略。

2. 数据分析

数据收集只是大数据应用的起点,通过先进的数据分析技术,企业可以从海量数据中提取有价值的信息,支持决策和优化运营。数据分析的主要方法包括：描述性分析是指对数据进行总结和描述,揭示数据的基本特征和趋势。例如,通过对销售数据的描述性分析,企业可以了解不同产品的销售表现和市场需求变化,从而调整生产和营销策略。诊断性分析是指对数据进行深入分析,查找问题的原因和影响因素。例如,通过对生产数

据的诊断性分析，企业可以发现生产过程中的瓶颈和低效环节，并采取相应措施进行改进。预测性分析是指利用数据进行预测，预测未来的趋势和结果。例如，通过对市场销售数据的预测性分析，企业可以预测未来的市场需求，优化生产计划和库存管理。报喜鸟是中国知名的服装品牌，近年来通过数字化转型，特别是大数据分析技术的应用，成功提升了定制业务的效率和市场竞争力。通过收集和分析消费者的购买行为、喜好和反馈，报喜鸟精准了解市场趋势和消费者需求。这些数据为设计团队提供了有价值的参考，使其能够设计出更符合市场需求的产品。利用数据分析，报喜鸟对供应链各环节进行监控和优化。例如，通过对原材料采购、库存水平和生产计划的数据分析，公司减少库存积压，降低成本，提高资金利用效率。在生产环节，报喜鸟引入了制造执行系统，实时收集生产数据，监控生产进度和质量，这使公司能够及时发现并解决生产中的问题，确保产品质量和交付时间。

3. 数据分析应用案例

（1）李维斯的数据分析应用。李维斯利用大数据技术对生产过程中的能源使用和废水处理进行优化。通过对生产数据的描述性分析，李维斯了解了生产过程中的能源消耗和废水排放情况，制定了优化措施。通过诊断性分析，李维斯发现了能源使用和废水处理中的低效环节，采取了相应的改进措施。通过预测性分析，李维斯预测了未来的能源需求，制订了可持续发展计划。通过规范性分析，李维斯优化了能源管理和废水处理流程，提高了生产效率和环境可持续性。

（2）巴塔哥尼亚的数据分析应用。巴塔哥尼亚通过其数据分析平台，对市场销售数据和客户行为数据进行全面分析。通过描述性分析，巴塔哥尼亚了解了不同地区和时间段的销售情况，优化了营销策略和库存管理。通过诊断性分析，巴塔哥尼亚发现了销售过程中存在的问题，采取了相应的改进措施。通过预测性分析，巴塔哥尼亚预测了未来的市场需求，优化了产品开发和市场推广策略。通过规范性分析，巴塔哥尼亚优化了客户关系管理，提高了客户满意度和品牌忠诚度。

大数据技术通过对数据的收集与分析，帮助服装制造企业优化生产流程、提高产品质量、优化供应链管理、预测客户需求和推动可持续发展。通过合理应用大数据技术，企业可以提高生产效率，优化运营管理，提升市场竞争力，实现更高水平的智能化和可持续发展。大数据技术在现代服装制造业中的广泛应用，不仅提升了企业的运营效率，还推动了行业的数字化转型，使企业能够在瞬息万变的市场环境中始终保持竞争优势。

（二）大数据在市场预测与生产优化中的应用

1. 数据收集

市场预测和生产优化的第一步是数据收集。通过多种渠道收集市场数据和消费者行为数据，企业能够获取大量有价值的信息。这些渠道包括电子商务平台、社交媒体、零售门店和客户反馈等。电子商务平台提供了丰富的销售数据，如销售量、浏览记录和购买历史；社交媒体则提供了消费者的互动数据和反馈；零售门店的数据包括库存水平和销售趋势；客户反馈则直接反映了消费者的满意度和需求。

2. 数据处理

收集到的数据往往是海量的、异构的和实时变化的，因此需要通过大数据技术进行处理。数据处理的步骤包括数据清洗、数据转换和数据整合。数据清洗是指去除数据中的噪声和错误，确保数据的质量和准确性；数据转换是指将不同格式的数据转换为统一的格式，以便进行分析；数据整合是指将来自不同数据源的数据进行合并，形成完整的数据集。

3. 数据分析

数据分析是大数据技术在市场预测和生产优化中的核心步骤。通过对处理后的数据进行深入分析，企业可以从中提取有价值的信息并了解消费洞察。数据分析的方法包括描述性分析、诊断性分析、预测性分析和规范性分析。描述性分析揭示了数据的基本特征和趋势；诊断性分析查找问题的原因和影响因素；预测性分析预测未来的趋势和结果；规范性分析提供优化和解决的方案。例如，李维斯利用大数据技术对市场数据和客户行为数据进行全面分析，预测未来的市场需求，优化产品开发和市场推广策略。

4. 市场预测

通过大数据技术，企业可以对市场需求进行准确的预测，优化产品开发和市场营销策略。市场预测的关键在于对历史数据和实时数据的分析，从中识别出影响市场需求的关键因素，并建立预测模型。例如，苹果公司通过大数据技术分析市场趋势和客户反馈数据，预测未来的产品需求，优化产品设计和开发，提高了产品的市场竞争力和客户满意度。这种预测不仅能够帮助企业更好地了解市场需求，还使企业能够提前准备生产资源，避免生产过剩或短缺。

5. 生产优化

在生产优化方面，大数据技术通过对生产数据的实时分析和监控，帮助企业优化生产流程，提高生产效率和产品质量。生产优化的步骤包括实时监控、瓶颈识别和流程优化。实时监控是指通过传感器和物联网技术，实时收集和监控生产设备的运行状态和生产参数；瓶颈识别是指通过数据分析，识别生产过程中存在的瓶颈和低效环节；流程优化是指根据数据分析结果，优化生产流程，提高生产效率和产品质量。

6. 预测性维护

大数据技术还在预测性维护中发挥了重要作用。通过对生产设备的运行数据进行分析，企业可以预测设备的维护需求，提前安排维护计划，减少设备故障和停机时间。预测性维护的步骤包括数据采集、数据分析和维护计划制订。数据采集是指通过传感器收集设备的运行数据，如温度、压力、振动等；数据分析是指通过大数据技术分析设备的运行数据，预测设备的故障和维护需求；维护计划制订是指根据数据分析结果，提前安排维护计划，确保设备的正常运行。

7. 鸿星尔克和李宁的市场预测与生产优化

（1）鸿星尔克（ERKE）的市场预测与生产优化。鸿星尔克通过其大数据分析平台，对市场数据、生产数据和客户反馈进行全面分析。通过市场预测，鸿星尔克能够准确预测未来的市场需求，调整生产计划和库存管理。通过生产优化，鸿星尔克能够实时监控生产过程中的各项参数，识别生产中的瓶颈和低效环节，优化生产流程，提高生产效率和产品质量。利用大数据技术，鸿星尔克能够更好地理解市场趋势和客户需求，从而快速响应市场变化，提升品牌竞争力。

（2）李宁（Li-Ning）的市场预测与生产优化。李宁通过其大数据分析平台，对市场销售数据和客户行为数据进行全面分析。通过市场预测，李宁能够预测未来的市场需求，优化产品开发和市场推广策略。通过生产优化，李宁能够实时监控生产过程中的各项参数，识别生产中的瓶颈和低效环节，优化生产流程，提高生产效率和产品质量。李宁还利用大数据技术进行客户行为分析，提供个性化的产品推荐和营销策略，提高客户满意度和品牌忠诚度。

大数据技术通过数据收集、处理和分析，帮助服装制造企业实现市场预测和生产优化。通过准确预测市场需求，企业可以优化产品开发和市场营销策略，提高市场竞争力；通过实时监控和生产优化，企业可以提高生产效率和产品质量，减少生产成本。大数据技术在现代服装制造业中的广泛应用，不仅提升了企业的运营效率，还推动了行业的数字化转型，使企业能够在瞬息万变的市场环境中保持竞争优势。

（三）大数据技术在供应链管理中的应用

1. 数据收集与监控

大数据技术使企业能够实时收集和监控供应链各环节的数据。这些数据包括原材料采购、库存水平、生产进度、物流运输等。通过物联网传感器和 RFID 标签，企业可以实时获取原材料和成品的位置和状态信息。例如，迈克高仕（MK）在其供应链管理中广泛应用 RFID 技术，通过 RFID 标签和传感器实时监控每件商品的库存状态和物流情况，从而确保库存的准确性并及时补货。这种实时监控不仅提高了库存管理的效率，还减少了库存成本和过剩库存风险。

2. 数据分析与预测

通过对供应链数据的分析，企业可以预测未来的需求和供应情况，从而优化库存管理和生产计划。大数据技术可以通过对历史数据和实时数据进行分析，识别出影响供应链效率的关键因素，并建立预测模型。这种预测性分析不仅提高了库存周转率，还减少了库存成本和断货风险。

3. 供应链优化

大数据技术在供应链优化中的应用，能够帮助企业提高供应链的响应速度和协同效率。通过对供应链各环节的数据进行分析，企业可以识别出供应链中的瓶颈和低效环节，并采取相应措施进行改进。这种供应链优化不仅提高了物流效率，还减少了运输成本和配送时间。

4. 风险管理

大数据技术在供应链风险管理中的应用，帮助企业预测和应对供应链中的潜在风险。通过对供应链数据的分析，企业可以识别出供应链中的风险因素，如供应商交付延迟、自然灾害、市场需求波动等，并采取相应的预防和应对措施。例如，海尔通过大数据技术进行供应链风险管理，通过分析供应链数据，预测供应链中的潜在风险，并提前制订应对方案，确保供应链的稳定和连续。这种风险管理不仅提高了供应链的韧性，还减少了供应链中断的风险和损失。

5. 供应商管理

大数据技术在供应商管理中的应用，能够帮助企业优化供应商关系，提高供应链的整体效率。通过对供应商数据的分析，企业可以评估供应商的绩效和可靠性，优化供应商选择和管理策略。例如，华为通过大数据技术优化供应商管理，通过分析供应商数据，评估供应商的交付能力和质量水平，并优化供应商选择和管理流程。这种供应商管理不仅能够提高供应链效率，还增进了企业与供应商之间的合作关系。

6. 案例分析

海尔通过大数据技术进行供应链风险管理，通过分析供应链数据，预测供应链中的潜在风险，并提前制订应对方案，确保供应链的稳定和连续。海尔还通过大数据技术优化供应商管理，通过分析供应商数据，评估供应商的绩效和可靠性，优化供应商选择和管理流程。这种供应链管理模式不仅提高了供应链的韧性，还增进了企业与供应商之间的合作关系。

大数据技术在供应链管理中的应用，通过数据收集与监控、数据分析与预测、供应链优化、风险管理和供应商管理，帮助服装制造企业实现了供应链的透明化管理和高效运营。通过合理应用大数据技术，企业可以提高供应链的响应速度和协同效率，减少库存成本和供应链风险，提升市场竞争力。大数据技术在现代服装制造业中的广泛应用，不仅提升了企业的运营效率，还推动了行业的数字化转型，使企业能够在瞬息万变的市场环境中始终保持竞争优势。

四、大数据技术实施案例分析

1. 李维斯

李维斯利用大数据技术优化其生产过程和市场营销策略。通过在生产线上安装传感器和数据采集设备，李维斯能够实时监控生产设备的运行状态和生产参数，进行数据分析和优化。大数据技术帮助李维斯识别生产中的瓶颈和低效环节，优化生产流程，提高生产效率和产品质量。此外，李维斯通过对市场销售数据和客户行为数据的分析，预测市场需求，优化产品开发和市场营销策略。例如，通过对不同地区的销售数据和消费者反馈的分析，李维斯能够制定更具针对性的市场推广策略，提升品牌影响力和市场份额。

2.李宁

李宁在其生产和市场营销中广泛应用了大数据技术。通过在生产线上安装传感器和数据采集设备，李宁能够实时监控生产过程中的各项参数，确保每双鞋的高质量和一致性。大数据技术帮助李宁优化生产流程，降低次品率和返工率，提高了生产效率和产品质量。此外，李宁通过对市场销售数据和客户行为数据的分析，预测市场需求，优化产品开发和市场营销策略。李宁利用其在线销售平台和社交媒体的数据，分析不同地区和时间段的销售情况，了解消费者的偏好和需求，快速调整产品线和营销策略，提高客户满意度和品牌忠诚度。

通过分析李维斯和李宁的实际应用案例，可以看出大数据技术在市场预测与生产优化中的重要作用。这些企业通过大数据技术，成功地提升了生产效率和产品质量，优化了市场营销策略，增强了品牌竞争力。这些案例表明，大数据技术是现代服装制造业实现智能化和高效化的关键工具，未来将继续在行业中发挥重要作用。

第三节　人工智能技术

一、人工智能技术概述

1.人工智能的基本概念

人工智能是指通过计算机程序模拟人类智能的技术。它涉及机器学习、自然语言处理、计算机视觉、机器人学等多个领域。人工智能技术能够分析大量数据，识别模式，并基于这些模式进行决策和预测。人工智能的核心在于通过算法和数据，使计算机系统能够执行通常需要人类智能才能完成的任务，如感知、推理、学习和决策。1956年的达特茅斯会议，约翰·麦卡斯（John McCarthy）首次提出了"人工智能"这个术语。自那时起，人工智能技术经历了几次重要的发展阶段，包括早期的逻辑推理系统、神经网络的兴起，以及近年来深度学习的突破。随着计算能力的提升和数据量的爆炸性增长，人工智能技术在各个行业中得到了广泛应用。

2. 人工智能的核心技术

（1）机器学习。机器学习是人工智能的核心技术之一，通过算法从数据中学习和提取模式。根据学习方式的不同，机器学习可以分为监督学习、无监督学习和强化学习。在监督学习中，模型通过带标签的数据进行训练，即每个输入数据都有一个对应的正确输出。常见的监督学习算法包括线性回归、逻辑回归、支持向量机和神经网络。例如，在图像识别中，模型通过大量标记了物体类别的图像进行训练，能够自动识别新图像中的物体类别。无监督学习使用未标记的数据进行训练，模型从数据中发现隐藏的模式和结构。常见的无监督学习算法包括聚类分析和关联规则。例如，在市场分析中，企业可以使用无监督学习算法对消费者数据进行聚类，识别不同的消费群体和行为模式。强化学习通过与环境的交互，学习如何在不同的情境下采取最佳行动以最大化累计奖励。常用于机器人控制、游戏策略和自动驾驶等领域。例如，阿尔法狗（AlphaGo）通过强化学习，从大量围棋对弈中学习最佳策略，最终战胜了人类顶级棋手。

（2）自然语言处理（NLP）。自然语言处理是人工智能的重要分支，旨在让计算机理解、生成和处理人类语言。NLP技术广泛应用于语音识别、机器翻译、情感分析和智能对话系统等领域。语音识别技术能够将人类的语音信号转换为文本。例如，智能语音助手通过语音识别技术理解用户的口头指令，并执行相应操作。机器翻译技术通过模型将一种语言的文本翻译成另一种语言。例如，谷歌（Google）翻译使用神经网络模型，实现多种语言之间的自动翻译。情感分析技术通过分析文本中的情感倾向，判断用户的情感状态。例如，在社交媒体上，情感分析技术可以帮助企业了解公众对其品牌的态度。

（3）计算机视觉。计算机视觉是人工智能的另一个重要领域，旨在让计算机理解和处理图像和视频。计算机视觉技术广泛应用于图像识别、目标检测、图像分割和自动驾驶等领域。图像识别技术能够识别图像中的物体和场景。例如，智能相机通过图像识别技术，自动识别拍摄对象并调整拍摄参数。目标检测技术能够在图像中定位并标记特定的物体。例如，自动驾驶汽车通过目标检测技术识别道路上的行人和车辆，确保行驶安全。图像分割技术将图像分割成不同的区域，每个区域对应不同的物体或背景。例如，医疗图像处理通过图像分割技术，将病变区域从正常组织中分离出来，辅助医生诊断。

（4）机器人学。机器人学是研究设计、制造和应用机器人的学科。机器人技术结合了机械工程、电子工程和计算机科学，通过传感器和执行器实现对环境的感知和操作。工业机器人广泛应用于制造业，如汽车装配、焊接和喷涂等工艺。工业机器人通过编程和传感器，自动执行重复性和高精度的任务，提高生产效率和产品质量。服务机器人应用于家庭、医疗和商业领域，如扫地机器人、医疗机器人和接待机器人等。服务机器人通过人工智能技术，实现自主导航、人机交互和任务执行，提高生活和工作效率。

人工智能技术通过模拟人类智能，实现了数据处理、模式识别和决策支持的自动化。其核心技术包括机器学习、自然语言处理、计算机视觉和机器人学等，广泛应用于医疗、金融、交通、制造、零售和教育等行业。人工智能技术的快速发展，不仅提高了生产效率和生活质量，还推动了各行各业的数字化转型和智能化升级。

二、人工智能技术在制造业中的应用

1. 生产过程优化

人工智能技术通过数据分析和机器学习，帮助制造企业优化生产流程，提高生产效率。在生产过程中，人工智能可以实时监控生产设备的运行状态，分析生产数据，识别生产中的瓶颈和低效环节。在汽车制造行业，人工智能技术帮助特斯拉预测设备的维护需求，减少设备故障和停机时间，进一步提高了生产效率。

2. 质量控制

人工智能技术在质量控制中的应用可以帮助制造企业提高产品质量，减少次品率。通过机器学习和计算机视觉技术，人工智能系统能够实时监控生产过程中的每一个环节，及时发现和解决质量问题。例如，波音公司通过计算机视觉技术，能够自动检测零部件的瑕疵和缺陷，减少人为错误，提高产品质量。在电子产品制造行业，富士康通过人工智能技术实现了自动化的质量检测。人工智能系统通过高分辨率摄像头和图像处理算法，实时监控生产线上的每一个产品，自动检测出产品的质量问题，并及时进行处理。人工智能技术不仅提高了检测效率，还保证了产品质量的一致性和稳定性。

3. 供应链管理

人工智能技术在供应链管理中的应用，为制造企业带来了显著的效益。通过大数据分析和机器学习，人工智能系统能够实时监控和优化供应链各环节，提高供应链的透明度和响应速度。例如，在服装制造业中，迈克高仕利用人工智能技术优化其供应链管理。通过 RFID 标签和传感器，迈克高仕能够实时监控每件商品的库存状态和物流情况，确保库存的准确性并及时补货。人工智能技术还帮助迈克高仕分析市场销售数据和消费者行为数据，预测市场需求，调整生产计划，提高供应链效率。

4. 客户需求预测

人工智能技术通过对市场数据和客户行为数据的分析，帮助制造企业预测客户需求，优化产品开发和市场营销策略。通过自然语言处理和机器学习，人工智能系统能够分析消费者的反馈和行为，识别市场趋势和消费偏好。例如，在电子产品制造行业，苹果公司通过人工智能技术预测市场需求。通过对历史销售数据和客户反馈数据的分析，苹果公司能够准确预测未来的产品需求，优化产品设计和开发，提高了产品的市场竞争力和客户满意度。

5. 智能制造与自动化

人工智能技术推动了制造业向智能制造和自动化方向发展。通过机器学习和机器人技术，制造企业实现了生产流程的高度自动化和智能化。例如，在汽车制造过程中，机器人可以通过人工智能系统与中央控制系统通信，自动完成焊接、喷漆、装配等任务。这不仅提高了生产效率，还保证了产品的一致性和高质量。

雅戈尔集团是中国领先的服装制造企业，早在四年前就投入巨资，建设了国内服装行业领先的"5G智能工厂"。在新一轮 AI 浪潮下，雅戈尔集团凭借良好的数字化基础，走在智能化升级前列。公司引入了 ChatBI 等人工智能技术，推动从生产制造到经营管理的全面智能化。这些举措不仅提高了生产效率，还提升了企业的市场竞争力。通过引入人工智能技术，雅戈尔集团实现了生产流程的高度自动化和智能化，提升了产品质量和生产效率，确保了产品的高质量和一致性。

6. 设备维护

人工智能技术在设备维护中的应用可以帮助制造企业实现预测性维护，减少设备故障和停机时间。通过对设备运行数据的实时监控和分析，人工智能系统能够预测设备的维护需求，提前安排维护计划。例如，在航空制造行业,空中客车公司利用人工智能技术实现了设备的预测性维护。通过对飞机零部件的运行数据进行分析,人工智能系统能够预测零部件的磨损和故障风险,以便提前安排维护和更换,确保飞机的安全和正常运行。

7. 能源管理

人工智能技术在能源管理中的应用,能够帮助制造企业优化能源使用,提高能源效率,减少能源浪费和碳排放。通过对能源使用数据的实时监控和分析,人工智能系统能够优化能源管理,提高能源利用效率。例如,通用电气通过人工智能技术优化其制造工厂的能源管理,减少了能源消耗和碳排放,推动了可持续发展。在服装制造业中,李维斯利用人工智能技术优化生产过程中的能源使用和废水处理。通过对生产数据的分析,李维斯能够优化生产流程,减少能源消耗和废水排放,提高生产效率和环境可持续性。

人工智能技术通过生产过程优化、质量控制、供应链管理、客户需求预测、智能制造与自动化、设备维护和能源管理,全面提升了制造业的生产效率和产品质量。人工智能技术的广泛应用不仅提高了制造企业的运营效率,还推动了行业的数字化转型和智能化升级。未来,随着人工智能技术的不断发展和普及,制造业将迎来更加智能化和高效化的发展新阶段。

三、人工智能技术在服装制造业中的应用

(一)智能设计与生产优化

1. 智能设计

人工智能技术通过数据分析和机器学习,帮助设计师创造出更符合市场需求和消费者偏好的服装设计。人工智能可以通过分析大量的市场数据、趋势数据和消费者行为数据,预测未来的流行趋势,指导设计师进行创作。例如,人工智能系统可以扫描社交媒体平台、时尚博客和电子商务网站,收集和分析时尚趋势和消费者偏好。这些数据可以帮助设计师了

解最新的时尚潮流,并预测未来的设计趋势。例如,《谷歌时尚趋势报告》(Google's Fashion Trends Report)就是一个利用大数据和人工智能技术分析全球时尚趋势的实例。通过分析搜索引擎的数据,谷歌能够识别出用户对不同服装款式和配饰的兴趣变化,从而指导设计师的创作方向。智选衣橱(Stitch Fix)是一家成功应用人工智能进行智能设计的公司。通过人工智能技术,Stitch Fix 能够分析客户的购买历史和反馈,推荐个性化的服装设计。人工智能系统根据客户的数据生成设计建议,如颜色搭配、面料选择和款式设计等。这种个性化设计不仅提高了客户的满意度,还增加了客户的忠诚度。人工智能技术帮助 Stitch Fix 实现了规模化的个性化定制,满足了不同客户的需求,同时也大大提高了设计效率。

2. 生产优化

人工智能技术通过优化生产流程,提高生产效率,减少资源浪费和生产成本。人工智能可以通过实时监控生产设备的运行状态,分析生产数据,识别生产中的瓶颈和低效环节,并提供优化建议。例如,在生产过程中,人工智能系统可以通过传感器实时监控每台机器的运行状态,检测设备故障或异常情况。通过数据分析,人工智能可以预测设备的维护需求,以便提前安排维护计划,减少设备停机时间,提高生产效率。

3. 个性化定制

人工智能技术推动了服装制造的个性化定制。通过人工智能技术,企业可以分析消费者的个人偏好和需求,提供定制化的服装设计和生产服务。个性化定制不仅满足了消费者的个性化需求,还提高了产品的附加值和客户满意度。例如,未制造(Unmade)公司利用人工智能技术提供个性化定制服务。消费者可以通过在线平台选择面料、颜色和款式,人工智能系统根据消费者的选择生成个性化设计,并将设计数据传输到生产设备,实现自动化生产。这样的个性化定制不仅满足了消费者的个性化需求,还提高了生产效率和产品附加值。通过人工智能技术,Unmade 能够快速响应市场需求，提供高度个性化的产品，提高了市场竞争力。

4.供应链优化

人工智能技术通过数据分析和优化算法，帮助企业优化供应链管理，提高供应链的透明度和响应速度。人工智能可以实时监控供应链各环节的数据，预测市场需求，优化库存管理和物流配送。例如，雨果博斯利用人工智能技术优化其供应链管理。通过 RFID 标签和传感器，其可以实时监控每件商品的库存状态和物流情况，确保库存的准确性并及时补货。人工智能技术还帮助雨果博斯分析市场销售数据和消费者行为数据，预测市场需求，调整生产计划，提高供应链效率。雨果博斯的供应链管理模式使其能够快速响应市场变化，保持市场竞争力和高效的运营水平。

5.质量控制

人工智能技术在质量控制中的应用，可以帮助企业提高产品质量，减少次品率。通过机器学习和计算机视觉技术，人工智能系统可以实时监控生产过程中的每一个环节，及时发现和解决质量问题。在服装制造业中，人工智能技术可以通过实时监控和数据分析，确保每件服装的高质量。人工智能技术通过图像识别和质量检测，自动识别生产中的缺陷，及时进行纠正，提高了整体产品的质量水平。

6.节能环保

人工智能技术在节能环保方面的应用，可以帮助企业优化能源使用，提高能源效率，减少能源浪费和碳排放。通过对能源使用数据的实时监控和分析，人工智能系统可以优化能源管理，提高能源利用效率。例如，李维斯利用人工智能技术优化生产过程中的能源使用和废水处理。通过对生产数据的分析，李维斯能够优化生产流程，减少能源消耗和废水排放，提高生产效率和环境可持续性。人工智能技术帮助李维斯实现了绿色制造，推动了可持续发展。通过智能化的能源管理系统，李维斯能够实时监控能源使用情况，及时调整能源使用策略，减少浪费和排放。

人工智能技术通过智能设计、生产优化、个性化定制、供应链优化、质量控制和节能环保，全面提升了服装制造业的生产效率和产品质量。人工智能技术的广泛应用不仅提高了企业的运营效率，还推动了行业的数字化转型和智能化升级。未来，随着人工智能技术的不断发展和普及，服装制造业将迎来更加智能化和高效化的发展新阶段。

（二）机器学习在质量控制中的应用

1. 实时监控与检测

机器学习技术通过实时监控和检测生产过程中的各个环节，帮助企业及时发现并解决质量问题。通过传感器和图像处理技术，机器学习算法可以对生产线上的产品进行实时检测，识别出不符合标准的产品。例如，在服装制造过程中，机器学习算法可以通过高分辨率摄像头对每件衣物进行拍摄，并实时分析图像数据，检测出衣物上的缺陷，如污点、线头和色差等。传统的质量检测依赖于人工检查，容易出现漏检和误检，而机器学习技术通过自动化检测，能够提高检测精度和效率。某些智能系统还能够通过深度学习算法，从大量的图像数据中学习，不断提高检测的准确性和可靠性。

2. 预测性维护

机器学习技术通过对设备运行数据的分析，能够预测设备的维护需求，减少设备故障和停机时间。通过传感器实时采集生产设备的运行数据，机器学习算法可以分析设备的状态和性能，从而识别出潜在的故障风险。例如，某服装制造企业通过在生产设备上安装传感器，实时监控设备的运行状态，收集温度、振动、压力等数据。机器学习算法通过对这些数据的分析，能够预测设备的故障趋势，提前安排维护计划，避免设备在生产过程中突然停机。预测性维护不仅减少了设备故障率，还提高了生产效率和产品质量。

3. 数据驱动的质量改进

机器学习技术通过分析大量的生产数据，帮助企业识别生产中的质量问题，并提供改进建议。通过对生产数据的深入分析，机器学习算法能够发现生产过程中存在的系统性问题，并提供优化方案。例如，通过对生产线上的数据进行分析，机器学习算法可以发现某些工序的质量问题，如缝纫过程中出现的线头问题等。通过对这些问题进行详细分析，企业可以优化生产工艺和流程，提高产品质量。机器学习技术还可以通过对历史数据的分析，提供质量预测和趋势分析，帮助企业制定更有效的质量控制策略。

4. 自动化质量控制系统

机器学习技术在自动化质量控制系统中的应用，使质量控制更加高效和精准。通过将机器学习算法嵌入到质量控制系统中，企业可以实现全自动化的质量检测和控制。例如，某服装制造企业开发了一套自动化质量控制系统，通过机器学习算法实时监控生产过程中的各项参数，自动检测产品的质量问题，并自动调整生产设备的运行参数，确保产品质量的一致性。该系统不仅提高了质量检测的效率，还减少了人为干预和错误，提高了整体生产效率和产品质量。

5. 案例分析

（1）汤米希尔费格的质量控制。汤米希尔费格在其生产过程中广泛应用机器学习技术进行质量控制。通过在生产线上安装高分辨率摄像头和传感器，汤米希尔费格能够实时监控每件产品的质量，检测出不符合标准的产品。机器学习算法通过对图像数据的分析，能够精准识别出衣物上的缺陷，提高了检测的准确性和效率。汤米希尔费格还通过预测性维护技术，提前识别生产设备的故障风险，减少设备停机时间，提高生产效率和产品质量。

（2）巴塔哥尼亚的智能检测。巴塔哥尼亚通过机器学习技术优化其质量控制系统。通过在生产线上安装传感器和摄像头，巴塔哥尼亚能够实时监控生产过程中的各项参数，自动检测产品的质量问题。机器学习算法通过对大量生产数据的分析，能够识别出生产中的系统性问题，并提供改进建议。巴塔哥尼亚还通过自动化质量控制系统，实现了全自动化的质量检测和控制，确保每件产品的高质量和一致性。

（3）李维斯的预测性维护。李维斯通过机器学习技术实现了生产设备的预测性维护。通过在设备上安装传感器，实时采集设备的运行数据，机器学习算法能够分析设备的状态和性能，预测设备的故障风险，并提前安排维护计划。该技术不仅减少了设备故障率，还提高了生产效率和产品质量。李维斯还通过数据驱动的质量改进，不断优化生产工艺和流程，提高了整体产品的质量水平。

机器学习技术通过实时监控与检测、预测性维护、数据驱动的质量改进和自动化质量控制系统，全面提升了服装制造业的质量控制水平。AI技术的广泛应用不仅提高了企业的质量检测效率和精度，还推动了行业的智能化升级。未来，随着机器学习技术的不断发展和普及，服装制造业将迎来更加智能化和高效化的发展新阶段。

（三）人工智能在客户需求分析中的应用

1. 数据收集与整合

人工智能技术通过多种渠道收集和整合客户数据，帮助企业全面了解客户需求。数据收集包括在线购物行为、社交媒体互动、客户反馈、销售记录等。通过自然语言处理（NLP）技术，人工智能能够从社交媒体、电子邮件和客户评论中提取有价值的信息。例如，人工智能系统可以分析社交媒体平台上的帖子和评论，了解客户对特定品牌和产品的看法。通过情感分析，人工智能可以识别出客户的满意度和潜在问题。电子商务平台上的客户购买记录和浏览历史同样是宝贵的数据来源，这些数据可以帮助企业了解客户的购物习惯和偏好。通过将这些数据整合在一起，人工智能系统能够构建出一个全面的客户画像，帮助企业制订精准的营销策略和产品开发计划。

2. 个性化推荐系统

基于机器学习算法的个性化推荐系统，是人工智能技术在客户需求分析中的重要应用。推荐系统通过分析客户的历史行为数据，预测客户的需求，向其推荐个性化的产品和服务。在服装行业，Stitch Fix 利用人工智能技术，根据客户的体型数据、穿衣偏好和历史购买记录，推荐个性化的服装款式。这种个性化推荐不仅提升了客户的购物体验，还提高了客户的忠诚度和品牌黏性。

3. 市场趋势预测

人工智能技术通过大数据分析和机器学习，帮助企业预测市场趋势和消费者行为变化。人工智能可以实时分析大量市场数据，识别出潜在的市场需求和流行趋势。例如，谷歌趋势（Google Trends）利用人工智能技术分析全球用户的搜索数据，识别出不同地区和时间段的搜索热点。服装企业可以利用这些数据，了解当前的时尚潮流和消费者关注点，以便及时调整产品线和营销策略。人工智能还可以通过分析历史销售数据，预测未来的市场需求，帮助企业制订更精准的生产计划和库存管理策略。通过市场趋势预测，企业能够更好地应对市场变化，保持竞争优势。

4. 客户细分与定位

人工智能技术通过对客户数据的深入分析，帮助企业进行客户细分与精准定位。通过聚类分析和分类算法，人工智能系统可以将客户群体划分为不同的细分市场，识别出各细分市场的特征和需求。例如，某服装品牌利用人工智能技术对其客户数据进行聚类分析，将客户划分为不同的年龄段、收入水平和生活方式群体。通过分析各群体的消费行为和偏好，企业能够制定针对性的营销策略，从而提高市场推广的效果。人工智能技术还可以帮助企业识别出高价值客户和潜在客户，进行精准的客户管理和服务，提升客户满意度和品牌忠诚度。

5.实时反馈与优化

人工智能技术通过实时监控和分析客户反馈，帮助企业快速响应市场变化，优化产品和服务。通过自然语言处理和情感分析，人工智能系统可以实时获取客户的反馈和意见，识别出产品和服务中的问题，及时进行改进。例如，某服装品牌通过人工智能技术实时监控社交媒体和在线评论，了解客户对新产品的反馈。人工智能系统能够快速识别出客户的满意度和不满点，帮助企业及时调整产品设计和营销策略。通过实时反馈与优化，企业能够快速响应市场需求，提高产品和服务质量，增强市场竞争力。

人工智能技术通过数据收集与整合、个性化推荐系统、市场趋势预测、客户细分与定位、实时反馈与优化，全面提升了服装制造企业的客户需求分析能力。人工智能技术的广泛应用不仅提高了企业的市场响应速度和客户满意度，还推动了行业的智能化和数字化转型。未来，随着人工智能技术的不断发展和普及，服装制造业将进一步实现智能化和高效化的发展，企业将能够更精准地满足客户需求，保持市场竞争优势。

四、人工智能技术实施案例分析

1.汤米希尔费格

汤米希尔费格是全球知名的时尚品牌，通过实施人工智能技术，实现了智能设计和生产优化。汤米希尔费格利用人工智能技术分析市场数据和消费者行为数据，预测流行趋势，指导设计师进行创作。人工智能系统能够从社交媒体、时尚博客和电子商务网站上收集和分析数据，帮助设计师了解最新的时尚潮流，并预测未来的设计趋势。此外，汤米希尔费格在生产过程中应用人工智能技术进行实时监控和检测，提高了生产效率和产品质量。整体来看，人工智能技术帮助汤米希尔费格实现了从设计到生产的全面智能化，提高了市场竞争力和客户满意度。

2. 巴塔哥尼亚

巴塔哥尼亚是全球领先的环保服装品牌，通过人工智能技术优化了其供应链管理和生产流程。巴塔哥尼亚利用RFID标签和传感器技术，实时监控每件商品的库存状态和物流情况，确保库存的准确性并及时补货。通过人工智能技术分析市场销售数据和消费者行为数据，巴塔哥尼亚能够预测市场需求，调整生产计划，提高供应链效率。人工智能技术还帮助巴塔哥尼亚优化生产流程，通过实时监控生产设备的运行状态，分析生产数据，识别生产中的瓶颈和低效环节，并提供优化建议。巴塔哥尼亚的智能制造系统能够根据实时数据自动调整生产参数，确保每件产品的高质量和一致性。此外，巴塔哥尼亚通过人工智能技术实现了个性化推荐和客户需求预测，提高了客户满意度和品牌忠诚度。巴塔哥尼亚的成功经验表明，人工智能技术在环保时尚行业中具有广泛的应用前景，能够显著提升企业的运营效率和市场竞争力。

3. 李维斯

李维斯是一家历史悠久的服装品牌，通过人工智能技术实现了生产优化和个性化定制。李维斯利用人工智能技术分析市场数据和客户行为数据，预测市场需求，优化产品开发和市场营销策略。此外，李维斯利用人工智能技术提供个性化定制服务，消费者可以通过在线平台选择面料、颜色和款式，人工智能系统根据消费者的选择生成个性化设计，并将设计数据传输到生产设备，实现自动化生产。这种个性化定制不仅满足了消费者的个性化需求，还提高了生产效率和产品附加值。李维斯的成功经验表明，人工智能技术在传统服装品牌中同样具有广泛的应用前景，能够推动企业的智能化升级和市场竞争力提升。

4. 雨果博斯

雨果博斯通过其智能制造项目，成功应用了人工智能技术实现生产的高度自动化和灵活性。雨果博斯利用传感器和物联网技术，实时监控生产线的各个环节，确保每个步骤的高效运作。人工智能技术帮助雨果博斯分析生产数据，优化生产流程，提高生产效率和产品质量。此外，雨果博斯通过人工智能技术分析市场数据和客户反馈，预测市场需求，快速调整产品线，满足市场需求。通过对历史销售数据和社交媒体反馈的分析，雨果博斯能够及时捕捉到消费者的偏好和时尚趋势，快速开发出符合市场需求的新产品，提高市场竞争力。雨果博斯的成功经验表明，人工智能技术在高端服装制造中具有广泛的应用前景，能够推动企业的智能化升级和市场竞争力提升。

通过以上案例分析，可以看到人工智能技术在服装制造企业中的成功应用，不仅提高了生产效率和产品质量，还优化了供应链管理和市场营销策略。汤米希尔费格、巴塔哥尼亚、李维斯和雨果博斯通过人工智能技术的应用，提升了市场竞争力和运营效率。这些企业的成功经验表明，人工智能技术在现代服装制造业中的广泛应用，不仅提升了企业的运营效率，还推动了行业的数字化转型，使企业能够在瞬息万变的市场环境中保持竞争优势。

五、人工智能技术未来应用趋势与行业发展对策

随着人工智能在服装制造领域的持续深化，其作用不仅局限于工艺优化与效率提升，还逐步扩展至绿色制造、消费链接及产业治理等多个维度。以下将进一步探讨人工智能技术的未来应用趋势与行业发展对策。

当前，AI 技术已逐步从局部环节渗透到服装制造的全流程，尤其在设计创意、生产排程、质量控制及用户体验方面展现出巨大潜力。尽管领先企业已在 AI 技术应用方面取得显著成效，但整体行业在技术普及度、系统集成度与人才支撑方面仍存在明显差距。

为了推动人工智能真正从"技术突破"走向"行业变革"，还需在政策支持、平台建设、人才培养等多个维度形成系统性的支撑机制。以下将

从全国服装制造业的角度出发，探讨 AI 技术应用的未来展望与发展对策，以期为行业的智能化转型提供更具操作性的思路。

（一）AI 在服装制造各环节的典型应用

1. 智能设计与趋势预测

AI 技术通过深度学习算法，分析社交媒体图像、销售数据、时尚趋势报告等多元数据，辅助设计师进行款式规划与风格推演。例如，日本 TSI 控股集团利用趋势算法协助设计团队筛选主打风格，优化季度设计方案，提高"即设计即热销"的匹配率。

2. 生产计划与智能排产

AI 可结合历史销售、天气变化、区域订单等信息，自动生成优化的生产计划，实现柔性制造。波司登集团已采用 AI 排产系统，将交付周期缩短 15%，同时降低了 30% 的库存冗余，提升了供应链的反应能力与环保水平。

3. 质量控制与图像识别

AI 图像识别技术已广泛用于布料缺陷检测、缝纫误差判断等质量管理环节。部分国产智能缝纫线体通过引入 AI 视觉检测系统，将产品良品率提升至 98% 以上，有效降低人工质检误差与返工成本。

4. 虚拟试衣与个性化定制

虚拟试衣镜与 3D 建模系统日益普及，为服装定制和线上销售提供支撑。Stitch Fix 利用 AI 推荐系统匹配用户风格与尺码偏好，实现"千人千衣"，并通过虚拟试穿减少退货率。部分国内平台也逐步布局"数字服装试衣体验"入口，推动线上销售体验升级。

（二）AI 与绿色制造的融合潜力

人工智能不仅服务于生产效率提升，更对服装制造业的绿色转型起到关键推动作用。

节能优化：AI 可精确调控车间设备运行时长，减少能源浪费。

减少过度生产：智能预测需求趋势，降低库存积压和材料浪费。

智能物流规划：AI 路径算法可优化配送网络，降低碳排放。

服装回收与再设计：AI 可追踪产品生命周期，分析回收利用潜力，辅助企业推动再生设计。

无印良品近年来引入 AI 模型监测服装生命周期，配合 RE-MUJI 计划优化回收服装的再设计逻辑，在日本、欧洲和中国市场形成较完整的回收生态体系。

（三）人工智能对行业结构的影响

AI 的普及将重塑服装产业的人才结构和岗位设置。一方面，基础劳动力在自动化设备加持下有所减少；另一方面，对复合型人才如"AI 时尚分析师""数字服装工程师"等提出了更高需求。

尽管 AI 在模式识别和效率优化方面具备天然优势，但在创意设计、文化表达、审美判断等方面仍难以完全替代人类。未来服装产业将趋向"人机协同"模式：机器主力完成重复性工艺，人类聚焦创意与人文表达，从而达成更高水平的产业智能化。

（四）中国服装制造业的 AI 应用展望与发展对策

1. 设立国家级"AI+ 服装"专项引导计划

由中华人民共和国工业和信息化部、科学技术部牵头，推动"AI 赋能传统制造"专项落地，支持构建服装制造领域的 AI 开放平台、应用示范基地和区域创新节点。

2. 打造"AI 中台 + 工业云"共享生态

推动区域平台企业与软件服务商共建工业云平台，开放订单预测、排产优化、缺陷识别等 AI 模块，降低中小企业应用门槛，实现"即开即用"。

3. 加快"AI+ 服装"复合型人才培养体系

鼓励高校设置"智能服装工程"交叉专业，推动时尚设计与人工智能学科融合发展，培养兼具技术与时尚素养的新型人才队伍。

4.建立行业级AI数据与隐私安全标准

由中国纺织工业联合会牵头，制定"服装制造AI应用标准""虚拟试衣与数据安全规范"等行业指导文件，强化技术应用的合规性与可控性。

5.引导社会资本加码"AI+时尚"创新赛道

鼓励风投、产业引导基金进入"AI质检、虚拟模特、数字设计师"等新兴领域，培育专精特新"小巨人"企业，推动中国服装制造向全球价值链中高端迈进。

通过人工智能的深入应用，服装制造业正在从传统劳动密集型行业向技术密集与数据驱动型产业转型。中国在全球服装产业链中具备完整基础和广阔市场，只要抓住人工智能赋能的战略机遇，推动其在服装制造中的深层嵌入与广泛落地，未来有望实现从"制造大国"向"智能时尚强国"的跃升。

第四节 智能制造技术的融合路径与系统化趋势

随着服装制造企业逐步完成单点技术导入（如自动化设备、AI算法、大数据分析等），行业正在迈向"智能系统集成化"新阶段。这一阶段的关键不再是某项"单点爆破"技术的应用，而是将多种先进技术统一整合、深度融合，以"平台化、数据驱动、系统协同"为核心逻辑，推动企业业务流程、组织结构与生态体系的全面重塑。这不仅是技术发展的趋势，更是从低效线性制造模式向柔性网络式协同制造模式转型的内在要求。

1.从"点状智能"走向"系统协同"：服装制造的路径升级

智能制造最初往往以"孤立技术"切入，比如引入自动裁剪设备、部署质量检测 AI 模型或建设单一功能的 MES 系统。然而,"点状智能"通常带来新的信息孤岛:系统之间数据格式不兼容、业务接口不统一、决策流程不能协同,反而限制了效率释放。

为真正实现"智能化制造"的价值,企业需转向以系统集成为导向的转型思路。这意味着打通设计、生产、物流、销售、服务等各环节,构建"全流程感知、全数据驱动、全过程反馈"的动态智能链条。服装制造的智能化不应仅是技术叠加,更应是技术—数据—流程—组织的耦合优化。

这一转型的核心,不仅在"用技术做什么",更在"如何系统地用技术改变整条价值链"。

2. 智能制造中台:构建智能服装工厂的大脑与神经网络

一个真正具备智能的服装工厂,应当像一个可以自学习、自适应、自决策的"智能体",其核心是构建统一的智能制造中台。这一中台系统是企业的"数据大脑"和"调度中枢",支撑信息的贯通、算法的调用和各系统之间的实时联动。

中台典型架构包括以下几部分。

数据中台:打通 ERP、MES、PLM、WMS、CRM 等系统数据,实现结构化+非结构化数据集中存储与清洗。

算法中台:集成预测模型、图像识别模型、排产优化模型等算法模块,按需调用。

业务中台:标准化订单处理、样衣审批、物料采购等核心流程逻辑,提升复用效率与决策协同。

边缘端联动:通过边缘计算设备实现对生产现场的实时控制与即时响应。

例如,浙江省某纺织服装企业在构建智能中台后,实现从"定产定销"向"以销定产"转型,每周依据数据动态调整订货计划,年均库存周转提高 1.5 倍,废料率下降 22%。

3. 绿色制造与智能制造的耦合：双轮驱动新范式

智能制造并非效率逻辑的终点，而是可持续发展的新起点。在碳达峰与"双碳"目标背景下，服装制造业急需实现"智能化＋绿色化"的协同升级。智能系统能够在能耗监控、碳排优化、资源再生等方面实现"精细化减排"与"过程式治理"，为绿色制造提供了技术抓手。

实践路径包括以下几方面。

智能能耗监管系统：通过实时数据采集与算法预测调节设备运行模式，实现动态负载平衡与能耗最优。

碳足迹透明管理平台：将产品从原料采购到成品交付的全过程碳排放进行量化记录，为碳交易和绿色认证提供基础数据。

智能溯源与回收系统：利用 RFID＋区块链技术记录每一件服装的原产地、使用周期、回收路径，提高服装的可追溯性与再利用效率。

相比于传统"末端治理"模式，智能系统能够推动服装产业"前置减排"，将绿色理念纳入设计、采购、排产等源头环节，形成真正意义上的绿色价值链。

4. 行业痛点透视：智能融合之路推进艰难的原因

尽管"系统化智能制造"是行业共识，但现实中大多数服装制造企业仍未真正跨入这一阶段，主要挑战包括：系统割裂与技术孤岛并存。多数企业早期导入的 IT 系统由不同厂商开发，接口规范不统一，数据难整合，形成"数据墙"；"重硬件、轻架构"误区广泛。企业往往将投资集中在设备升级，而忽视数据标准建设、业务流程重构与组织协同，从而导致"智能设备干傻事"；复合型技术人才极度缺乏。懂服装又懂数据的中层管理人才严重短缺，导致系统上线后难以落地运营，成为"看得见、用不动"的摆设；缺乏场景沉淀与标准输出机制，企业即便探索出成功经验，也难以外溢扩散、变成行业共通能力，缺乏跨企业"协同进化"的生态意识。

上述问题说明，智能制造的融合发展不只是技术问题，归根结底是组织变革与观念升级的问题。

5. 对策建议：推动融合路径落地的"四项机制建设"

为加快服装行业智能制造的系统化推进，建议从以下四个机制建设入手。

机制一：构建行业级"智能服装制造集成标准体系"。

由行业协会牵头，联合头部企业和平台商，推动系统接口标准化、数据结构统一化、软硬件集成通用化，形成可复用、可复制的"智能制造标准方案包"。

机制二：设立"区域级智能示范工厂+孵化器"双平台。

一方面打造智能化标杆工厂用于技术验证与传播，另一方面设立中小企业孵化平台，提供轻量化、模块化、低门槛的智能工具包。

机制三：支持"服装智能中台"类平台型企业发展。

鼓励数字服务商与头部服装制造企业联合开发面向产业链的智能中台产品，形成"平台即能力"的产业共享逻辑。

机制四：推动"绿色智能制造一体化"激励机制出台。

将绿色工厂认证、碳排管理体系与智能制造能力等级挂钩，实现"一证多奖""一核多补"，释放政策协同效能。

6. 自主判断：服装智能制造的中国路径思考

相比欧洲美国、日本等国家和地区强调"柔性自动化"与高端设备主导的技术路线，中国服装产业的智能制造更应强调平台驱动型、生态协同型与成本可控型发展路径。

尤其是在拥有庞大中小企业群体、区域集群结构显著的背景下，推动"共享平台化+轻量服务化+生态可复用化"的模式，可能更契合中国国情。这种"可推广、可落地"的务实技术策略，将是中国服装制造真正实现"智能跃升"的战略优势所在。

通过构建融合化、系统化的智能制造技术体系，服装产业正在经历从单点优化向全局协同、从自动控制向自主决策的结构性转型。融合"高效"与"绿色"的智能新范式，将是中国服装行业在今后提升全球竞争力的核心引擎。

第三章 辽宁省服装制造业的绿色转型

第一节 绿色制造技术

一、绿色制造技术概述

(一)绿色制造的基本概念与技术路线

1. 绿色制造的基本概念

绿色制造是一种通过采用环境友好的技术和方法,减少生产过程中对环境负面影响的制造方式。它不仅关注产品的质量和经济效益,还重视生态效益和社会效益。绿色制造的核心理念是通过优化资源利用、减少污染排放和提高能源效率,推动可持续发展。

绿色制造的主要目标包括减少资源消耗、减少污染排放,以及提高产品的可回收性和可再利用性。减少资源消耗意味着通过优化生产流程和使用高效设备,减少原材料和能源的消耗,提高资源利用率。减少污染排放则是通过采用环保技术和工艺,减少废气、废水和固体废物的排放,降低对环境的污染。提高产品的可回收性和可再利用性则是通过设计和制造可循环利用的产品,减少废弃物的产生,推动循环经济的发展。绿色制造强调全生命周期管理,包括产品设计、原材料采购、生产制造、使用维护和废弃处理等各个环节的绿色化。通过全生命周期的绿色管理，实现资源的高效利用和环境的可持续发展。

2.绿色制造的技术路线

绿色制造技术的实施涉及多个方面，包括清洁生产技术、资源循环利用技术、节能减排技术和环境友好材料的应用等。

清洁生产技术是绿色制造的重要组成部分，旨在通过优化生产流程和工艺，减少污染物的产生和排放。其中包括工艺优化、废物再利用和污染控制。工艺优化：通过改进生产工艺和设备，提高生产效率，减少原材料和能源的消耗。例如，在纺织染整过程中，采用低温染色和无水染色技术，减少水资源的使用和废水的排放。废物再利用：通过回收和再利用生产过程中产生的废弃物，减少资源浪费和环境污染。例如，将纺织废料和边角料回收利用，生产再生纤维和再生面料。污染控制：通过安装废气、废水和固体废物处理设施，减少污染物的排放，提高环境保护水平。例如，安装废气处理装置，减少染整过程中产生的有害气体的排放。

资源循环利用技术通过回收和再利用废弃资源，实现资源的循环利用和可持续发展。其中包括废旧物资回收和再制造技术。废旧物资回收：通过建立回收体系，将废旧产品和材料回收利用，以减少资源浪费。例如，回收废旧服装和纺织品，生产再生纤维和再生面料。再制造技术：通过对废旧产品进行再制造，延长产品的使用寿命，提高资源利用效率。例如，将废旧机械设备进行再制造，生产再制造产品。

节能减排技术通过提高能源利用效率和减少污染物排放，推动绿色制造的发展。其中包括高效节能设备、可再生能源和能源管理系统。通过采用高效节能设备，可提高能源利用效率，减少能源消耗。例如，采用高效节能的电机和空压机，可减少电能的消耗。通过利用可再生能源，可减少对传统化石能源的依赖，降低碳排放。例如，利用太阳能、风能和生物质能等可再生能源，提供生产过程中的能源需求。通过建立能源管理系统，可实时监控和优化能源使用，提高能源利用效率。例如，建立智能能源管理系统，优化生产过程中能源的使用，减少能源的浪费。

环境友好材料的应用是绿色制造的重要环节，通过使用可再生、可降解和低环境负荷的材料，减少对环境的影响。其中包括可再生材料、可降解材料和低环境负荷材料。通过使用可再生材料，可减少对不可再生资源的依赖。例如，使用天然纤维和植物纤维等可再生材料，替代传统的化石能源基材料。通过使用可降解材料，可减少废弃物的产生和环境污染。例如，使用生物降解塑料和可降解纤维，替代传统的不可降解材料。通过使用低环境负荷材料，可减少生产过程中对环境的影响。例如，使用无毒、无害和低污染的染料和助剂，替代传统的有毒、有害化学品。

绿色制造技术通过清洁生产技术、资源循环利用技术、节能减排技术和环境友好材料的应用，实现了资源的高效利用和环境的可持续发展。通过全生命周期的绿色管理，绿色制造不仅提高了产品的质量和经济效益，还推动了生态效益和社会效益的提升。绿色制造技术的广泛应用，将为服装制造业的可持续发展提供有力支持，推动行业的绿色转型和升级。

（二）绿色制造在服装行业中的重要性

绿色制造在服装行业中的重要性不可忽视，尤其在当前全球环境问题日益严重的背景下，绿色制造不仅是提升企业竞争力的关键，更是推动行业可持续发展的必然选择。

1. 环境保护

绿色制造通过采用环保技术和工艺，显著减少了生产过程中对环境的负面影响。传统的服装制造过程中会产生大量废气、废水和固体废物，对空气、水体和土壤造成污染。通过绿色制造技术，如低温染色、无水染色和废水处理，企业可以大幅度减少有害物质的排放，从而保护生态环境。例如，许多服装企业已经开始采用环保染料和助剂，替代传统的有毒、有害化学品，减少了染色过程中废水和有毒物质的排放。此外，通过安装先进的废气处理装置，企业可以有效减少生产过程中产生的有害气体的排放，从而改善空气质量。绿色制造不仅帮助企业履行环境责任，还提升了企业的社会形象和市场声誉。

2. 资源节约

绿色制造技术强调资源的高效利用和循环利用，显著提高了资源利用率。服装制造过程中涉及大量原材料和能源消耗，绿色制造通过工艺优化和高效设备的使用，减少了原材料和能源的浪费。例如，通过采用先进的纺织机械和自动化设备，企业可以提高生产效率，减少能源消耗和原材料浪费。资源循环利用技术，如废旧物资回收和再制造技术，进一步提升了资源利用效率。许多企业已经建立了废旧服装和纺织品回收体系，通过再生纤维和再生面料的生产，实现资源的循环利用。这不仅减少了对自然资源的依赖，还降低了生产成本，提升了企业的经济效益。

3. 经济效益

绿色制造不仅具有显著的环境效益，还带来了可观的经济效益。通过实施绿色制造技术，企业可以降低生产成本，提高产品质量和市场竞争力。环保工艺和高效设备的应用，减少了能源和原材料的消耗，降低了生产成本。同时，绿色制造提高了生产效率，缩短了生产周期，增强了企业的市场响应能力。此外，绿色制造产品因其环保特性，越来越受消费者的青睐，市场需求不断增长。许多消费者愿意为环保产品支付更高的价格，从而为企业带来更高的利润。通过打造绿色品牌，企业可以获得更多的市场机会和客户信任，从而提升品牌价值和市场竞争力。

4. 政策支持

各国政府高度重视绿色制造，出台了一系列政策和法规，以鼓励和支持企业实施绿色制造技术。通过税收优惠、财政补贴和技术支持等措施，政府为企业提供了强大的政策保障。例如，我国政府推出了《"十四五"工业绿色发展规划》和《绿色制造工程实施指南（2016—2020年）》，明确了绿色制造的发展目标和实施路径，鼓励企业采用环保技术和工艺，推动绿色转型。政府的政策支持不仅减轻了企业的经济负担，还激发了企业实施绿色制造的积极性和主动性。企业通过积极响应政府的政策和法规，不仅能够获得政策红利，还提升了企业的合规性和市场声誉。

5. 社会责任

绿色制造是企业履行社会责任的重要体现。作为重要的制造行业之一，服装制造企业在推动经济发展的同时，也承担着保护环境和促进社会可持续发展的责任。通过实施绿色制造技术，企业可以有效减少对环境的污染，保护自然资源，实现可持续发展。企业的社会责任不仅体现在环保方面，还包括员工的健康和安全。绿色制造技术通过减少有害物质的使用和排放，改善了工作环境，保护了员工的健康和安全。企业通过履行社会责任，不仅赢得了社会的认可和支持，还增强了员工的归属感和工作积极性，从而提高了企业的整体竞争力。

6. 国际竞争力

在全球化背景下，绿色制造已成为提升企业国际竞争力的重要因素。许多国际市场对产品的环保性能提出了严格的要求，绿色制造产品更容易进入国际市场，满足国际标准和消费者需求。例如，欧盟对进口产品的环保要求越来越高，绿色制造产品因其符合环保标准，能够顺利进入欧盟市场，扩大市场份额。通过实施绿色制造技术，企业不仅能够满足国际市场的环保要求，还能提升产品的附加值和市场竞争力。绿色制造为企业开拓国际市场提供了有力支持，帮助企业在激烈的国际竞争中立于不败之地。

绿色制造在服装行业中的重要性体现在环境保护、资源节约、经济效益、政策支持、社会责任和国际竞争力等多个方面。通过实施绿色制造技术，企业不仅能够提高生产效率、产品质量，降低生产成本，还能保护环境，实现可持续发展。绿色制造不仅是提升企业竞争力的关键，还是推动行业绿色转型和可持续发展的必然选择。未来，随着绿色制造技术的不断发展和普及，服装行业将迎来更加绿色和可持续的发展新阶段。

二、绿色设计、材料与工艺

（一）绿色设计理念与方法

1. 绿色设计理念

绿色设计，也称生态设计或环境设计，是指在产品设计过程中，充分考虑环境影响和资源利用效率，以最小的环境代价实现产品的功能和价值。绿色设计的核心理念是减少资源消耗、减少污染排放，以及提高产品的可回收性和可再利用性，从而推动可持续发展。绿色设计的主要目标包括通过优化设计，提高材料利用率，减少原材料的使用。例如，通过优化服装的版型设计，减少面料的浪费。采用环保材料和工艺，减少生产过程中产生的有害物质的排放。例如，使用低污染的染料和助剂，减少染色过程中废水和废气的排放。设计易于拆解和回收的产品，延长产品的使用寿命。例如，设计可拆卸的服装配件，方便回收和再利用。

2. 绿色设计的方法

（1）生命周期评估（life cycle assessment）是一种系统的方法，用于评估产品在整个生命周期内的环境影响。LCA包括从原材料获取、生产制造、使用维护到废弃处理的各个阶段，通过量化每个阶段的资源消耗和污染排放，帮助设计师识别产品设计中的环境影响，并制订相应的改进措施。例如，某服装品牌通过LCA发现，其产品在染色阶段的水资源消耗和废水排放占据了总环境影响的很大一部分，因此在设计过程中，选择了低水耗和低污染的染色工艺，显著降低了环境负荷。

（2）设计优化是指通过改进产品设计，提高材料利用率和生产效率，减少资源消耗和环境影响。设计优化的方法包括模块化设计、轻量化设计和结构优化等。将产品设计成多个可拆卸和可替换的模块，以便维护和回收。例如，某运动品牌的服装设计采用了模块化结构，用户可以根据需要更换不同的功能模块，如袖口和帽子，从而延长服装的使用寿命。通过优化结构和选材，减少产品的重量，提高材料利用效率。例如，某户外品牌的服装采用了高强度、轻质的面料和结构设计，在保证功能性的同时，减少了材料的使用量。通过改进产品的结构设计，提高生产效率和材料利用率。例如，某品牌的牛仔裤设计采用了无缝连接技术，减少了面料的浪费和缝制过程中的能耗。

（3）绿色材料选择是绿色设计的重要组成部分，通过选择环保、可再生和可降解的材料，减少产品对环境的负面影响。绿色材料包括天然纤维、再生纤维和可降解材料等。天然纤维如棉、麻、羊毛和丝绸等，具有良好的环保性能，能够在自然环境中降解，减少废弃物的产生。例如，有机棉是一种不使用化学农药和化肥种植的棉花，其生产过程对环境的影响较小。再生纤维如再生聚酯纤维和再生尼龙等，通过回收废旧纺织品和塑料制品的制成，减少了资源的消耗和废弃物的产生。例如，某运动品牌的运动服装采用了再生聚酯纤维，每件运动服可回收多达20个塑料瓶。可降解材料如生物降解塑料和天然纤维素纤维，能够在自然环境中分解，减少废弃物的长期积累和环境污染。例如，某品牌的包装袋采用了生物降解材料，使用后可在自然环境中降解，从而减少了白色污染。

（二）环保材料的选择与应用

1. 环保材料的选择

在绿色制造过程中，选择和应用环保材料是实现可持续发展的关键步骤。环保材料的选择不仅可以减少对环境的负面影响，还能提升产品的环保性能和市场竞争力。以下是几类主要的环保材料及其选择标准。

（1）天然纤维，如棉、麻、羊毛和丝绸等，由于其可再生性和生物降解性，被广泛认为是环保材料。尤其是有机棉，其在种植过程中不使用化学农药和化肥，对土壤和水源的污染较小。有机棉在生产过程中也严格控制使用的化学品，确保其符合有机农业标准，减少对环境的负面影响。麻纤维则以其低耗水量和高耐用性著称，是一种非常适合环保服装的材料。羊毛和丝绸也是天然纤维的代表，具有良好的生物降解性和再生能力，适合制作高档环保服装。

（2）再生纤维通过回收废旧纺织品和塑料制品的制成，减少资源的消耗和废弃物的产生。这类纤维包括再生聚酯纤维和再生尼龙等。再生聚酯纤维是从废弃的塑料瓶和旧衣物中回收加工而成的，具有与原生聚酯纤维相似的性能。再生尼龙则通过回收渔网、地毯和其他废弃尼龙制品制成，不仅减少了海洋塑料污染，还为制造业提供了高质量的原材料。

（3）生物基材料是指以可再生生物质为原料制成的材料，如生物基聚酯、PLA等。生物基材料不仅可再生，还具有良好的生物降解性，是替代传统石化基材料的理想选择。PLA是一种由玉米淀粉或甘蔗等可再生资源发酵制成的聚合物，具有良好的生物降解性和热塑性，适用于纺织品和包装材料。生物基聚酯纤维则是由植物油或糖类等生物质原料制成的，既保留了传统聚酯纤维的优良性能，又减少了对石化资源的依赖。

（4）可降解材料在自然环境中能够被微生物分解，减少废弃物的长期积累和环境污染。这类材料包括生物降解塑料和天然纤维素纤维等。生物降解塑料在特定环境条件下能够被微生物分解成水、二氧化碳和有机物，对环境无害。天然纤维素纤维，如再生纤维素纤维（人造丝、天丝等），也具有良好的生物降解性，适用于环保服装的制作。

2. 环保材料的应用

在服装制造过程中，环保材料的应用不仅有助于减少环境影响，还能提升产品的市场竞争力和品牌形象。以下是环保材料在服装制造中的具体应用案例。

（1）有机棉的应用。有机棉以其环保特性和舒适性能，广泛应用于各类服装的制作。例如，巴塔哥尼亚是一家知名的环保服装品牌，其大部分产品采用有机棉制作。巴塔哥尼亚通过严格的有机农业标准，确保其有机棉产品的环境友好性和高质量。这些有机棉服装不仅具有优良的穿着体验，还减少了对环境的负面影响，深受消费者的喜爱。

（2）再生聚酯纤维的应用。再生聚酯纤维因其良好的性能和环保特性，被广泛应用于运动服装和户外装备的制作。再生聚酯纤维通常由回收的塑料瓶或废旧纺织品制成，通过化学或机械再生过程，将废弃物转化为新的纺织原料。例如，安踏（ANTA）的环保系列产品，采用的便是由回收塑料瓶制成的再生聚酯纤维。通过这一创新，安踏不仅减少了塑料废弃物对环境的影响，还为消费者提供了高性能的环保产品。安踏的环保系列产品在设计和生产中，注重减少资源消耗和碳排放。通过再生聚酯的使用，安踏不仅减少了对石油资源的依赖，还降低了生产过程中的能耗和排放。安踏还通过透明的供应链管理，确保再生材料的来源和处理过程符合环保标准。此外，安踏通过环保产品的宣传，提升了品牌的环保形象，吸引了更多环保消费者的关注。

（3）再生纤维的应用。再生纤维在高性能环保服装中的应用广泛。再生纤维是通过回收废旧纺织品或工业废料加工而成，具有与原生纤维相似的物理性能和使用特性。例如，李宁的环保系列运动鞋采用了再生纤维，通过无缝编织技术，减少了材料的浪费。这款运动鞋不仅具有轻质、透气和舒适的特点，还体现了绿色设计和环保材料的结合。李宁在其生产过程中，采用了先进的编织技术，通过减少裁剪和缝纫过程中的废料，进一步降低了生产过程中的资源消耗。李宁的再生纤维产品通过严格的质量控制，确保其在使用性能上不逊于传统材料制成的产品。此外，李宁还积极参与环保公益活动，宣传环保理念，提高公众对再生纤维和环保材料的认知和接受度。

环保材料的选择与应用在绿色制造过程中具有重要意义。通过采用有机棉、再生纤维、生物基材料和可降解材料等环保材料，服装企业不仅能减少对环境的负面影响，还能提升产品的市场竞争力和品牌形象。未来，随着环保材料技术的不断发展和应用,服装行业将迎来更加绿色和可持续发展的新阶段。

(三)绿色制造工艺与技术

1. 清洁生产技术

清洁生产技术旨在通过优化生产流程和工艺,减少污染物的产生和排放,提高资源利用效率。工艺优化是其中的重要部分,通过改进生产工艺和设备,提高生产效率,减少原材料和能源的消耗。例如,在纺织染整过程中,采用低温染色和无水染色技术,可显著减少水资源的使用和废水的排放。低温染色技术不仅节约能源,还降低了染料的损耗,提高了染色均匀性和色牢度。无水染色技术通过使用超临界二氧化碳作为溶剂,避免了大量水的消耗和废水的排放,从而大幅度减少对环境的污染。

废物再利用是清洁生产技术的另一重要方面。通过回收和再利用生产过程中产生的废弃物,企业可以减少资源浪费和环境污染。例如,将纺织废料和边角料回收利用,生产再生纤维和再生面料,不仅减少了废弃物的处理成本,还获得了新的原材料来源,提高了资源利用效率。污染控制技术通过安装废气、废水和固体废物处理设施,减少污染物的排放,提高环境保护水平。例如,通过安装先进的废气处理装置,企业可以有效减少染整过程中有害气体的排放,进而改善空气质量。采用生物处理和膜分离技术处理废水,能够降低废水中的有害物质浓度,减少对水体的污染。

2. 节能减排技术

节能减排技术通过提高能源利用效率和减少污染物排放,推动绿色制造的发展。高效节能设备的使用是关键之一,通过采用高效节能的电机、空压机和照明系统,提高能源利用效率,减少能源消耗。例如,采用变频驱动的高效电机,可以根据实际负载调整转速,从而减少不必要的能耗。高效空压机通过优化设计和运行参数,提高压缩空气的生产效率,减少能耗。可再生能源的利用也是节能减排的重要手段。通过利用太阳能、风能和生物质能等可再生资源，企业可以减少对传统化石能源的依赖，降低碳排放。例如，利用太阳能热水系统和光伏发电系统，为生产过程提供清洁能源。风能发电系统则可以为工厂提供稳定的电力供应，减少对外部电网的依赖。能源管理系统通过建立智能能源管理平台，实时监控和优化能源使用，提高能源利用效率。例如，建立智能能源管理系统，可以对生产设备和设施的能源消耗进行实时监控，识别能耗高的环节，制定优化措施，减少能源浪费。

3.绿色制造工艺

绿色制造工艺通过改进生产技术和流程，提高资源利用效率，减少环境污染。干法加工是其中一种重要技术，在生产过程中不使用或少使用液体溶剂和水，以减少废水和废液的产生。例如，在纺织染整过程中，采用超临界二氧化碳无水染色技术，避免水的使用和废水的排放，既节约资源，又减少对环境的污染。数字化制造通过引入CAD和CAM技术，提高生产过程的自动化和精确度。例如，采用数字化裁剪技术，可以根据设计图纸精确切割面料，以减少材料浪费。数字化缝纫技术通过计算机控制缝纫机的运行，提高缝纫的精度和效率，降低次品率。3D打印技术是一种通过逐层添加材料制造产品的工艺，具有高效、精确和低耗的特点。例如，3D打印技术可以用于制造复杂结构的服装配件，减少材料的浪费和生产过程中的能耗。3D打印技术还可以根据客户需求实现个性化定制，提高产品的附加值和市场竞争力。

三、绿色制造技术实施案例分析

1.巴塔哥尼亚

巴塔哥尼亚是全球知名的环保服装品牌，其一直致力于绿色制造和可持续发展。巴塔哥尼亚采用了多种绿色制造技术，从原材料选择到生产工艺，都尽量减少对环境的影响。巴塔哥尼亚广泛使用有机棉、回收聚酯纤维和回收羊毛等环保材料，减少了对自然资源的依赖。在生产工艺方面，巴塔哥尼亚采用低温染色和无水染色技术，大幅减少了水资源的消耗和废水的排放。此外，巴塔哥尼亚强调循环经济，通过其"新不如修（Worn Wear）"项目，回收旧衣物并进行修复和再利用。这个项目不仅减少了废弃物的产生，还延长了产品的生命周期。通过这些绿色制造技术和循环经济模式，巴塔哥尼亚不仅减少了对环境的影响，还提升了品牌的环保形象。

2. 鸿星尔克

鸿星尔克是中国知名的运动服装品牌，也在积极推动绿色制造。鸿星尔克通过其"环保系列"，采用了有机棉、回收聚酯和再生尼龙等环保材料。这些材料的使用不仅减少了资源消耗，还降低了对环境的污染。在生产过程中，鸿星尔克采用了多种清洁生产技术，如低水耗和低污染的染色工艺等，以减少水资源的使用和废水的排放。公司还安装了先进的废气处理装置，以减少生产过程中产生的有害气体的排放。鸿星尔克还致力于提高能源利用效率，通过使用高效节能设备和可再生能源，降低碳排放。鸿星尔克在多个生产基地安装了太阳能电池板和风能发电系统，为生产过程提供清洁能源。此外，鸿星尔克还建立了智能能源管理系统，实时监控和优化能源使用，提高能源利用效率。

3. 安踏

安踏在绿色制造技术的应用方面也取得了显著成果。安踏通过其"环保计划"，致力于实现零碳排放和零废弃物。安踏广泛使用回收材料，如再生聚酯纤维和再生尼龙，在其运动服和运动鞋的生产中，减少了对自然资源的依赖。安踏的"环保运动鞋"是一项创新的绿色制造工艺，通过飞织技术，减少了材料的浪费和生产过程中的能耗。这项技术不仅提高了产品的舒适性和耐用性，还大幅减少了废弃物的产生。此外，安踏在其生产设施中采用了多种节能减排技术。例如，安装高效节能设备、使用可再生能源、建立智能能源管理系统等。这些措施显著提高了能源利用效率，减少了碳排放。安踏还通过其供应链管理系统，优化原材料的采购和物流，进一步减少对环境的影响。

4. 李宁

李宁的绿色制造技术应用同样取得了显著进展。通过与环保组织合作，李宁回收废旧塑料制成再生聚酯材料，并用于制造运动鞋和运动服。这个项目不仅减少了塑料污染，还为消费者提供了高性能的环保产品。在生产工艺方面，李宁采用了先进的染色技术和废水处理技术，减少了水资源的消耗和废水的排放。公司还安装了高效节能设备和可再生能源系统，提高了能源利用效率，减少了碳排放。李宁还通过其"智能工厂"项目，利用3D打印技术和数字化制造技术，实现了生产的高度自动化和灵活性。这些技术不仅提高了生产效率，减少了材料浪费，还使李宁能够快速响应市场需求，进而满足消费者的个性化需求。

5. 李维斯

李维斯在绿色制造技术的应用方面也取得了显著进展。公司通过其"节水（Water<Less）"项目，采用了多种节水技术，减少了牛仔裤生产过程中对水资源的消耗。通过改进生产工艺和设备，李维斯能够在不影响产品质量的前提下，显著减少水的使用。此外，公司通过其"二手回收（SecondHand）"项目，回收旧牛仔裤并进行修复和再利用，延长了产品的生命周期，减少了废弃物的产生。在能源管理方面，李维斯安装了高效节能设备和可再生能源系统，提高了能源利用效率，减少了碳排放。李维斯还建立了智能能源管理系统，实时监控和优化能源使用，进一步减少了对环境的影响。

通过以上案例分析，可以看到绿色制造技术在服装制造企业中的广泛应用和显著成效。巴塔哥尼亚、鸿星尔克、安踏、李宁和李维斯等企业，通过采用环保材料、改进生产工艺、提高能源利用效率和推行循环经济模式，不仅减少了对环境的影响，还提升了产品质量和市场竞争力。这些企业的成功经验表明，绿色制造技术是推动服装制造业绿色转型和可持续发展的关键。未来，随着绿色制造技术的不断发展和普及，服装制造业将迎来更加绿色和高效发展的新阶段。

第二节　辽宁省服装制造业的绿色转型现状

（一）辽宁省服装制造业的环保技术应用

1. 清洁生产技术

辽宁省许多服装制造企业已经引入了先进的清洁生产技术。例如，一些企业在染色工艺中采用了低温染色和无水染色技术，这不仅大幅减少了水资源的使用，还显著减少了废水的排放。此外，辽宁省一些企业还在纺织过程中采用了工艺优化和废物再利用技术，通过改进生产流程和设备，提高生产效率，减少原材料和能源的消耗。例如，回收利用纺织废料和边角料，生产再生纤维和再生面料，不仅降低了废弃物的处理成本，还获得了新的原材料来源，提高了资源利用效率。

2. 节能减排技术

辽宁省许多服装制造企业在生产过程中采用了高效节能设备，如变频驱动电机、高效空压机和节能照明系统。这些设备能够根据实际负载调整运行参数，减少不必要的能耗。例如，采用变频驱动的高效电机可以根据实际负载调整转速，减少能耗。高效空压机通过优化设计和运行参数，提高压缩空气的生产效率，减少能耗。同时，辽宁省一些企业还利用可再生能源，如太阳能和风能，提供生产过程中的能源需求。例如，一些企业在生产基地安装了太阳能光伏发电系统和风能发电系统，为生产过程提供清洁能源，减少了对传统化石能源的依赖，降低了碳排放。

3. 环保材料

环保材料的使用是辽宁省服装制造业绿色转型的重要组成部分。许多企业在生产过程中广泛采用有机棉、再生聚酯纤维和再生尼龙等环保材料。这些材料的使用不仅减少了对自然资源的依赖，还减少了对环境的污染。此外，辽宁省一些企业还积极探索和使用生物基材料和可降解材料，如生物基聚酯和PLA等。这些材料不仅可再生，还具有良好的生物降解性，能够在自然环境中分解，减少废弃物的长期积累和环境污染。

4. 废水处理技术

废水处理技术在辽宁省服装制造业中得到了广泛应用，显著减少了废水排放和水体污染。例如，一些企业采用了生物处理和膜分离技术，通过微生物降解和物理分离，降低废水中有害物质的浓度。生物处理技术利用微生物降解有机污染物，提高废水处理的效率和效果。膜分离技术则通过物理筛分和过滤，有效去除废水中的悬浮物和溶解性污染物，减少对水体的污染。此外，辽宁省一些企业还建立了循环水利用系统，通过回收和再利用生产过程中产生的废水，减少新鲜水资源的消耗，提高水资源的利用效率。例如，一些染整企业通过建立废水回用系统，将处理后的废水重新用于生产过程中，减少废水的排放和新鲜水的使用。

5. 固体废物管理技术

固体废物管理是辽宁省服装制造业绿色转型的重要组成部分。许多企业通过建立废物回收和再利用体系，减少固体废物的产生和处理成本。例如，一些企业通过回收生产过程中产生的边角料和废弃纺织品，生产再生纤维和再生面料，提高资源利用效率。此外，辽宁省一些企业还通过与专业废物处理公司合作，确保固体废物的安全处理和处置。例如，一些企业将危险废物交由专业公司进行处理，以确保其符合环境保护要求。通过科学管理和有效处置，减少固体废物对环境的负面影响。

辽宁省服装制造业在绿色转型过程中，通过广泛采用清洁生产技术、节能减排技术、环保材料、废水处理技术和固体废物管理技术，显著减少资源消耗和环境污染，提高生产效率和产品质量。这些技术的应用不仅提升了企业的市场竞争力，还推动了全行业的可持续发展。未来，随着绿色制造技术的不断发展和普及，辽宁省服装制造业将迎来更加绿色和高效发展的新阶段。

（二）辽宁省服装制造业转型存在的问题与不足

1. 技术水平和研发能力不足

虽然一些企业已经采用了先进的绿色制造技术，但整体上辽宁省服装制造业的技术水平与国际先进水平仍存在差距。许多中小企业缺乏自主研发能力和技术创新能力，主要依赖于引进外部技术和设备。这种依赖性限制了企业在绿色转型中的灵活性和主动性，无法充分应对不断变化的市场需求和环境法规。

2. 资金投入不足

绿色制造技术的实施需要投入大量资金，但许多中小企业由于资金限制，难以承受高昂的技术改造和设备升级成本。尽管政府提供了一些财政支持和优惠政策，但对中小企业的覆盖和支持力度仍显不足。这导致一些企业在绿色转型过程中举步维艰，难以实现全面的绿色转型。

3. 环境管理体系执行不力

尽管许多企业已经建立了环境管理体系，但在实际执行过程中仍存在一些问题。例如，一些企业在环境绩效监测和评估方面缺乏科学的方法和手段，无法准确评估环境管理措施的效果。此外，部分企业员工的环境意识薄弱，缺乏系统的培训和管理，导致环境管理体系的执行效果不佳。

4. 环保意识和市场压力不足

虽然政府和社会对环保的重视程度不断提高，但部分企业的环保意识仍然不足，主要关注短期经济利益，忽视了长期的环境和社会效益。此外，市场对绿色产品的需求和认可度还不够高，缺乏足够的市场压力以推动企业进行绿色转型。企业在推动绿色制造过程中，面临的市场驱动力不足，难以形成持续的内在动力。

5. 供应链协同不足

绿色制造不仅需要单个企业的努力，还需要整个供应链的协同配合。然而，目前辽宁省服装制造业的供应链协同能力不足，上下游企业之间缺乏有效沟通和合作。例如，原材料供应商和制造企业在环保材料的使用和管理上，缺乏统一的标准和规范，导致资源浪费和环境污染的问题依然存在。

（三）环境管理体系与措施

1. 环境管理体系的建立

辽宁省许多服装制造企业已经建立了符合 ISO 14001 标准的环境管理体系。这一体系帮助企业系统地识别和控制生产过程中对环境的影响，制订和实施环境目标和措施，并确保持续改进环境绩效。例如，大连经济技术开发区的许多企业都采用了 ISO 14001 标准环境管理体系，通过定期的环境审计和评估，识别生产过程中存在的环境问题，并制订相应的改进措施。此外，这些企业还通过员工培训和宣传，增强员工的环境意识，确保环境管理体系的有效实施。

2. 污染防治措施

在污染防治方面，辽宁省的服装制造企业采取了多种措施来减少污染物的产生和排放。例如，许多企业在生产过程中采用低温染色和无水染色技术，减少了废水和废气的排放。同时，企业还安装了先进的废水处理设备和废气处理装置，以确保排放的废水和废气符合环境法规的要求。例如，大连大杨创世股份有限公司通过生物处理和膜分离技术，有效去除废水中的有害物质，减轻废水的污染负荷。此外，一些企业还采用固体废物管理措施，通过回收和再利用生产过程中产生的固体废物，减少对环境的影响。

3. 资源管理措施

为了提高资源利用效率,辽宁省的服装制造企业采取了多种资源管理措施。企业通过优化生产流程和设备,提高资源利用效率,减少资源浪费。例如,企业采用数字化裁剪和缝纫技术,减少材料的浪费,提高生产效率。此外,企业还通过建立资源回收和再利用体系,提高资源的循环利用率。例如,辽宁省兴城市的多家泳装生产企业通过回收废旧纺织品和边角料,生产再生纤维和再生面料,减少了对新材料的依赖。

4. 环境绩效监测与评估

环境绩效的监测与评估是环境管理体系的重要组成部分。辽宁省的服装制造企业通过定期的环境监测,评估环境管理措施的效果,以确保环境目标的实现。企业通过建立环境监测系统,实时监测废水、废气和固体废物的排放情况,确保其符合环境法规的要求。例如,大连市的一些企业通过安装在线监测设备,实时监测废水排放中的污染物浓度,确保废水处理设施的有效运行。此外,企业还通过定期的环境评估,识别环境管理中的不足之处,并制订相应的改进措施。

第三节 绿色转型策略

一、绿色转型技术路线与技术创新

(一)绿色转型的技术路线

1. 循环经济与废物减少

循环经济强调减少废物的产生,通过回收、再利用和再制造的方式,延长材料的生命周期。例如,企业可以通过设计可修复和可回收的服装产品来减少对原生资源的依赖，最大化材料的利用价值。这种方法不仅对环境有利，还能提升品牌声誉和消费者忠诚度。

2. 绿色供应链管理

实施绿色供应链管理（GSCM）能够显著提高企业的环保竞争力。GSCM在供应链各环节中应用环保技术和方法，例如，采用可持续的原材料、优化物流和运输以减少碳排放，以及通过数字化技术实现供应链的透明化和可追溯性。具体而言，可以通过区块链技术来记录和追踪从原材料采购到成品交付的每一个环节，确保每一步都符合环保标准。

3. 工业4.0与智能制造

工业4.0，如物联网、人工智能和大数据技术，可以帮助服装制造业实现智能化和绿色化。通过物联网技术实现设备互联和数据采集，可以实时监控生产过程，优化资源使用，提高生产效率。人工智能技术可以用于生产计划优化和质量控制，从而减少资源浪费和提高产品质量。大数据分析则可以帮助企业进行市场预测和供应链优化。

4. 绿色设计与创新

绿色设计涉及产品在设计阶段就考虑其环境影响，包括材料选择、生产工艺和产品生命周期等方面。企业可以采用环保材料，改进生产工艺以减少污染排放。此外，绿色设计还包括对产品使用寿命结束后的处理方法的规划，确保产品在废弃后能够被有效回收和再利用。例如，企业可以设计易于拆卸和回收的服装以减少废弃物对环境的影响。

5. 技术合作与创新

企业在推进绿色转型过程中，选择合适的技术合作伙伴至关重要。这些合作伙伴不仅需要在制造业技术方面具备深厚的专业知识，还需要提供定制化的转型方案。通过与具备数字化转型经验的合作伙伴合作，可以加速企业从传统制造向智能制造的转变，降低转型风险，提高成功率。例如，与技术领先的公司合作开发智能制造解决方案，能够帮助企业实现绿色转型目标。

（二）技术创新推动绿色转型

1. 智能制造技术的应用

智能制造技术包括物联网、人工智能和大数据分析等。这些技术可以实现生产设备的互联互通，实时监控生产过程，并进行数据采集和分析。物联网技术可以监测设备的运行状态，预测维护需求，减少设备故障时间，提高生产效率；大数据分析可以优化生产流程，减少资源浪费，提升产品质量；人工智能则可以进行生产计划的优化和质量控制，从而减少不合格产品的产生。

2. 绿色材料与工艺

在服装制造过程中，材料的选择和工艺的改进对环境影响巨大。技术创新可以引入环保材料，如有机棉、再生纤维等，减少对不可再生资源的依赖。此外，改进生产工艺，如使用无水染色技术，以及减少化学品的使用等，可以显著减少水资源消耗和污染排放。通过不断研发和应用新材料和新工艺，企业不仅可以降低对环境的影响，还能提升产品的市场竞争力。

3. 绿色供应链管理

绿色供应链管理强调在供应链的各个环节中应用环保技术和方法。例如，通过区块链技术实现供应链透明化，可以确保原材料采购、生产加工、物流运输等环节都符合环保标准；通过优化物流和运输路径，减少碳排放，提高物流效率；通过建立回收和再利用体系，实现废旧服装的回收和再制造，延长产品生命周期，减少废物产生。

4. 能源管理与节能技术

能源消耗是服装制造过程中的重要环节之一。通过技术创新，企业可以引入先进的能源管理系统，实现能源的高效利用。例如，采用智能电网技术，可以实现能源的实时监控和优化配置，减少能源浪费；引入可再生能源，如太阳能、风能等，可以减少对化石能源的依赖，减少碳排放。此外，通过研发和应用节能设备，如高效电机、节能照明等，可以进一步降低能耗，提升能源利用效率。

5.绿色设计与产品生命周期管理

绿色设计强调在产品设计阶段就考虑其整个生命周期对环境的影响。通过技术创新，企业可以开发出更加环保、可持续的产品。例如，设计可拆卸、易回收的服装产品，以便在产品使用寿命结束后进行回收和再利用；通过生命周期评估技术，企业可以量化产品在各个阶段的环境影响，制订相应的改进措施，减轻环境负担。

二、政策支持与产业合作

（一）政府政策支持与引导

1.地方财政支持与专项资金

辽宁省政府积极利用财政政策和专项资金支持服装制造企业的绿色转型。省级财政设立了绿色发展专项资金，重点支持节能减排和环保技术改造项目。通过财政补贴和奖励，鼓励企业引进先进的环保设备和技术，推动生产过程的绿色化。此外，辽宁省还通过建立绿色发展基金，支持中小企业进行绿色技术创新和产业升级，帮助企业减轻资金压力，实现可持续发展。

2.税收优惠与减免政策

辽宁省通过实施税收优惠政策，激励企业进行绿色转型。对于从事环境保护、节能减排项目的企业，提供企业所得税减免政策；对于符合条件的环保设备和技术改造项目，给予增值税返还和减免。通过这些税收优惠政策，不仅减轻了企业的财务负担，还提高了企业进行绿色转型的积极性和主动性。

3. 绿色信贷支持

辽宁省积极推动绿色信贷政策的实施，通过银行和金融机构向从事绿色项目和技术创新的企业提供优惠贷款利率和信贷支持。省政府与多家银行合作，设立绿色信贷专项基金，重点支持环保、节能、循环经济等领域的项目，帮助企业获得必要的资金以进行技术改造和环保项目。不仅促进了金融资源向绿色产业的流动，还推动了全省绿色经济的发展。

4. 政府采购政策

辽宁省政府在采购过程中优先选择绿色低碳产品和技术，通过绿色采购政策推动绿色产品和技术的应用。例如，在公共项目建设中优先使用环保建筑材料和清洁能源设备，推动绿色技术在实际应用中的普及。这不仅直接支持了绿色产品的市场需求，还通过示范作用带动其他市场主体跟进，推动全社会绿色消费的形成。

（二）产业链合作与协同发展

1. 上下游企业协同

辽宁省推动服装制造业绿色转型的重要策略之一是加强产业链上下游企业的协同合作。通过与原材料供应商和零售商的合作，企业可以确保在整个生产过程中采用环保材料和技术，从源头上减少污染。例如，通过与环保原材料供应商的合作，企业可以采购到符合绿色标准的面料和辅料，从而确保产品的环保性能。此外，与零售商合作推广绿色产品，也有助于提升市场对绿色服装的认可度和需求。

2. 行业协会和联盟的作用

辽宁省的行业协会和联盟在推动绿色转型中发挥着关键作用。这些组织通过制定行业标准、提供技术支持和组织培训活动，帮助企业提升绿色生产能力。例如，辽宁省服装协会可以组织绿色生产技术的培训班和研讨会，邀请专家讲解最新的环保技术和政策，帮助企业掌握绿色生产的方法和技巧。此外，行业协会还可以协调企业之间的合作，促进资源共享和技术交流，共同推动行业的绿色发展。

3. 技术研发合作

辽宁省政府鼓励企业与科研机构、高校合作，开展绿色技术的研发和应用。通过产学研结合，企业可以获取最新的绿色技术成果，提升自身的技术创新能力。例如，企业可以与高校合作开发环保染色技术，减少化学品的使用和废水排放；或者与科研机构合作研发节能设备，提高能源利用效率。这样的合作不仅有助于提高企业的技术水平，还能推动绿色技术在行业内的推广应用。

4. 跨行业合作

辽宁省鼓励跨行业合作，推动服装制造业与其他行业的协同发展。例如，服装制造企业可以与信息技术公司合作，应用物联网和大数据技术实现生产过程的智能化和绿色化；或者与新能源企业合作，采用清洁能源替代传统能源，减少碳排放。这样的跨行业合作不仅能促进技术的融合创新，还能形成新的产业增长点，推动区域经济的可持续发展。

三、实施绿色转型案例分析

（一）绿色转型成功企业案例

1. 红豆集团

红豆集团位于江苏省无锡市，是中国知名的服装制造企业，在绿色转型和智能制造方面取得了显著成就，成为行业的典范。公司积极推进智能制造和绿色生产，采用了5G技术构建柔性生产的纺织服装工业互联网平台。通过引入智能制造系统和先进的管理理念，红豆集团实现了生产过程的全面绿色化。公司采用物联网和大数据分析技术，对生产设备进行实时监控和数据采集，优化生产流程，减少资源浪费，显著降低了能源消耗。智能裁剪设备的应用使布料的使用量得以精确计算，减少了材料浪费。此外，红豆集团还积极推广使用环保材料，如有机棉和再生纤维，减少对环境有害化学品的使用。在能源管理方面,公司安装了高效节能设备,如 LED 照明和节能电动机,并通过能源管理系统实现能源使用的实时监控和优化,大幅降低了能源消耗和碳排放。红豆集团的这些举措,使其成为中国服装制造业绿色转型和智能制造的典范。

2. 百宏实业控股有限公司

百宏实业控股有限公司位于福建省泉州市,是中国领先的化纤长丝生产企业之一。公司将智能制造作为企业战略重点,承担了纺织行业智能制造新模式项目,开发出涤纶长丝产品质量在线检测系统,获评为"智能制造标杆企业"。

在绿色转型方面,百宏集团以"绿色产品"为经营理念,推进涤纶工业丝项目建设,发展应用于车用材料、海洋工程、军用装备、医疗健康等领域的特种化纤材料。这些举措体现了百宏集团在智能制造和绿色转型方面的积极探索和实践。

3. 安踏集团

作为全球知名的运动品牌,安踏集团在绿色转型方面也取得了显著成效。安踏集团大力推进智能制造和数字化转型,采用先进的生产设备和信息系统,实现生产过程的自动化和智能化。通过应用智能制造执行系统,公司能够实时监控生产过程,优化资源配置,提高生产效率,同时减少能源和材料消耗。在产品设计阶段,安踏集团采用绿色设计理念,确保产品在整个生命周期内的环保性能。安踏集团积极研发可回收和可降解的材料,并在产品设计中融入模块化和易拆卸设计,以便产品在使用寿命结束后进行回收和再利用。此外,安踏集团还与其他行业的企业和机构合作,共同推进绿色转型。例如,与环保科技公司合作开发绿色生产技术,与学术机构合作开展环保研究项目,共同探索绿色生产的新路径。

(二)案例分析与经验总结

通过对几家成功绿色转型企业的案例分析,可以总结出以下几点经验，这些经验对其他服装制造企业在推进绿色转型过程中具有重要的借鉴意义。

1. 技术创新是关键

红豆集团的成功在很大程度上得益于其对智能制造和环保技术的积极引入和应用。通过采用物联网和大数据技术，企业实现了生产过程的实时监控和数据优化，有效减少了资源浪费和能源消耗。这表明，技术创新在绿色转型中起到了至关重要的作用。其他企业在推进绿色转型时，也应注重引入和应用先进技术，从而提高生产效率和资源利用率。

2. 环保材料的使用

百宏集团通过使用有机棉和再生纤维等环保材料，减少了对环境有害化学品的使用。同时，百宏集团在原材料采购环节确保绿色环保，从源头上控制污染。这说明，选用环保材料不仅有助于减少生产过程中的环境污染，还能提升产品的市场竞争力和品牌形象。

3. 全面推进绿色供应链管理

其他企业也应重视绿色供应链管理，通过加强与供应链上下游企业的合作，共同推进绿色转型。

4. 员工环保意识增强

百宏集团注重增强员工的环保意识，通过定期组织环保培训和宣传活动，鼓励员工在工作中践行绿色理念。此外，百宏集团还推出了节能减排奖励机制，以激发员工参与绿色转型的积极性。这表明，员工的积极参与和环保意识的增强，对企业的绿色转型起到了重要的推动作用。

5. 跨行业合作和资源共享

安踏集团的成功经验之一是其在绿色转型过程中积极开展跨行业合作。通过与环保科技公司合作开发绿色生产技术，与学术机构合作开展环保研究项目，企业不仅提升了自身的技术水平，还推动了绿色技术在行业内的推广应用。其他企业在推进绿色转型时，也应积极寻求跨行业合作，共享资源,共同探索和开发绿色技术。

6. 政府支持与政策引导

辽宁省人民政府在推动企业绿色转型过程中发挥了重要作用。通过财政补贴、税收优惠、绿色信贷等政策措施,政府为企业提供了强有力的支持和引导。企业应充分利用这些政策支持,积极推进绿色转型,提升自身的市场竞争力和可持续发展能力。

总之,辽宁省服装制造业的绿色转型成功经验主要体现在技术创新、环保材料的使用、全面推进绿色供应链管理、员工环保意识增强、跨行业合作和资源共享及政府支持与政策引导等方面。其他企业在推进绿色转型时,可以借鉴这些经验,结合自身实际情况,制定适合的绿色发展策略,从而推动企业实现可持续发展目标。

第四节 循环经济与服装产业闭环供应链建设实践研究

一、循环经济与闭环供应链的理论内涵与价值

1. 循环经济的理论基础与实践价值

循环经济(circular economy)是一种通过资源循环利用实现经济效益与生态效益协调发展的经济模式,最早提出于20世纪60年代,并在全球范围内得到广泛认可和实践。循环经济以"减量化(reduce)、再利用(reuse)、再循环(recycle)"的3R原则为核心理念,通过降低资源投入、减少废物排放与增加再利用的方式,实现经济可持续发展与生态环境保护的双赢局面。

聚焦于服装制造业，传统的线性经济模式产生了大量资源浪费与环境污染，而循环经济模式的引入，可以帮助企业显著提升资源使用效率，减少污染排放，并创造更多经济价值。

2.闭环供应链的定义与实践内涵

闭环供应链（closed-loop supply chain）是循环经济在产业供应链中的具体实现形式。服装产业闭环供应链是指通过构建完整的回收、再加工、再生产环节，实现从原料端到消费端再回到生产端的闭环循环体系。闭环供应链能够帮助企业降低成本，提升资源利用率，实现可持续发展。

服装产业闭环供应链的实践内涵具体包括：产品设计端采用易于回收与再加工的材料；生产制造端优化工艺流程，提高资源效率；消费端建立有效的废旧服装回收体系；再制造端形成服装的再生产能力与市场。

二、国内外服装产业闭环供应链典型案例分析

1.浙江绿宇环保科技有限公司：再生纺织品闭环供应链构建案例分析

浙江绿宇环保科技有限公司创立于2013年，是一家专注于废旧纺织品回收再生的环保型科技企业。公司自主研发纺织废弃物再生技术，并构建起集废料回收、再生纤维生产、再生面料开发、再生服装生产于一体的完整闭环供应链体系。

主要实践做法：建立覆盖全国的废旧纺织品回收网络，形成规模化、规范化回收渠道；引进国际先进再生技术，实现废料精准分类、纤维高效再生；与国内外多家知名品牌合作，将再生纤维广泛应用于市场化服装生产中。

实践成果与价值体现：实现年处理废旧纺织品10万吨以上，资源化再生率达95%以上；企业原料采购成本降低约20%，再生产品市场接受度不断提高；显著减少纺织废弃物环境污染，实现年碳减排量约30万吨；

树立行业标杆，带动了产业链上下游企业共同走循环经济发展道路。

2. 衣二三（北京）科技有限公司：服装租赁与回收再制造案例分析

衣二三公司是国内领先的服装共享租赁平台。平台成立于2015年，创新推出"共享衣橱"模式，推动服装产业从传统消费模式向共享租赁和循环经济模式转型。

主要实践做法：建设数字化服装共享平台，通过租赁模式延长服装的生命周期；开展旧衣物回收服务，建设分类、清洗、再制造中心，实现衣物的多次循环利用；采用大数据和人工智能技术，提高服装使用效率与物流配送效率。

实践成果与价值体现：平均单件服装的使用次数提高6倍以上，显著减少服装废弃率；创新服装消费模式，吸引大量年轻消费群体，推动了绿色消费观念的形成；服装再制造业务逐步形成规模化效应，显著降低环境污染。

3. 李宁公司："无界"服装回收计划案例分析

李宁作为中国知名的体育品牌，近年来致力于循环经济战略实施，于2021年推出了"无界"旧衣物回收与再制造计划，积极构建品牌主导的闭环供应链。

主要实践做法：在全国门店启动旧衣物回收计划，消费者将旧服装送至指定门店获得积分奖励；集中回收后的服装进行精细化分类，部分用于再制造新产品，部分用于社会公益慈善；建设配套的物流回收体系与智能再制造工厂，实现服装高效回收与处理。

实践成果与价值体现：品牌社会影响力和环保形象明显提升；年回收服装数量逐步增加，产品再生率逐年提高；激发消费者参与品牌互动，形成良性绿色经济循环。

三、辽宁省服装产业循环经济与闭环供应链发展现状分析

1. 辽宁省服装产业循环经济发展的实践现状

当前，辽宁省服装制造企业面临着资源短缺与环境污染的双重压力。尽管辽宁省已有部分企业意识到循环经济与绿色转型的重要性，但在闭环供应链建设方面仍处于初步探索阶段，亟待加强。

2. 辽宁省服装企业闭环供应链建设的优势与挑战

优势：辽宁省服装制造业基础扎实，拥有较为完善的产业链体系；地方政府出台了一系列扶持绿色产业转型的政策。挑战：企业规模偏小，资金与技术能力相对不足；社会整体回收意识与参与度有待提升。

四、辽宁省服装产业循环经济与闭环供应链建设策略建议

针对上述分析，提出以下策略建议。

1. 强化政策引导与扶持力度

政府设立专项基金，支持企业引进循环经济新技术；对循环经济示范企业给予政策优惠，鼓励企业加快循环经济转型。

2. 建立辽宁省纺织服装循环经济示范产业园区

通过集中园区建设，形成闭环供应链产业集群效应；鼓励龙头企业入驻，发挥示范引领作用。

3. 搭建产业闭环供应链信息化平台

利用数字化技术构建废旧服装回收、再制造共享信息平台；提高供应链整体运行效率与企业协作水平。

4. 强化社会宣传教育，提高公众参与度

提高社会对旧衣回收再利用的认知度和参与率；企业通过品牌宣传加强消费者互动与参与积极性。

第五节　绿色转型的实施路径与挑战

绿色转型不仅是服装企业履行社会责任的表现，还是提升市场竞争力和推动可持续发展的核心战略。特别是在辽宁省，服装产业要实现绿色转型，涉及从原材料采购到生产流程、供应链管理以及产品生命周期管理等多维度的协调。如何在绿色技术创新的基础上，以最小的成本实现最大化的环保效益，是每家服装企业在这一过程中需要深思熟虑的问题。

一、绿色转型的实施路径

绿色转型的成功实施离不开系统化的路径规划，服装企业应在政府政策、市场需求与技术创新的驱动下，循序渐进地推动绿色生产模式的全面建设。以下为具体实施路径的延伸与细化。

1. 从绿色设计到绿色生产：全生命周期思维的植入

在绿色转型的过程中，绿色设计是核心之一。绿色设计不仅关注产品的外观、功能，更考虑到产品的环境影响，涵盖了从材料选择、生产工艺到产品可回收再利用等各个环节。全生命周期的思维方式要求设计师在设计阶段就考虑到产品全生命周期的每个环节——从生产到消费，再到废弃和回收。

绿色设计的核心要素：选择环保原材料（如有机棉、再生纤维等）、优化生产工艺（如低温染色技术、节能染整设备等）、提升产品的可回收性与再利用性。

产品生命周期评估技术的应用，使企业在设计阶段就能评估产品在不同生命周期阶段对环境的影响,从源头上减少废料与排放。

例如,富安娜公司通过绿色设计理念,在其产品设计中融入可回收材料和节能染色工艺,同时推行LCA技术评估,确保每一款产品从设计之初就符合环保标准,并在生产过程中做到最小化的资源消耗。

2.智能制造与绿色生产的深度融合

智能制造为绿色转型提供了关键技术支持。通过利用人工智能、物联网、大数据等前沿技术,服装企业可以实现精准生产、精准配送,降低资源浪费,减少碳排放。

智能排产系统:基于历史数据与实时数据,AI算法预测市场需求,动态调整生产计划,避免不必要的生产和原料浪费。

节能设备和智能监控系统:智能设备能根据实时数据反馈调整生产线的速度与能耗,减少空转和无效耗能。结合AI的预测算法,能做到智能预测设备的维护周期,避免能耗浪费。

以江南布衣为例,通过智能制造系统,精准计算生产环节的耗能与资源配置,智能化调度生产设备,不仅提高了生产效率,还有效降低了10%以上的能源消耗。

3.绿色供应链与绿色物流的协同推进

绿色供应链和绿色物流的构建是服装制造业绿色转型的重要组成部分。绿色供应链要求企业在原料采购、生产制造、物流配送等环节都尽量减少环境负荷。绿色物流则通过优化配送路径、合理选择运输工具和使用环保包装材料,减少运输过程中的能源消耗与碳排放。

绿色采购:企业应优先选择有绿色认证的供应商,并保证采购的原材料符合环保标准。

绿色物流:智能化物流平台能够通过大数据分析,精准计算最节能的运输路径和方式,减少碳排放。还可以通过利用电动配送车辆、减少包装使用等方式,降低环境影响。

例如，阿里巴巴的菜鸟网络在物流配送中采用了智能路径规划算法，结合电动配送车和智能仓储系统，在降低能源消耗的同时，提高了配送效率。

二、绿色转型面临的挑战

尽管绿色转型对服装制造业具有重要意义，但在实际实施过程中，仍然面临诸多挑战。

1. 技术创新与资金支持不足

绿色转型的核心在于技术创新，但许多中小型服装企业在技术研发上存在投入不足的问题。虽然先进的绿色生产设备和智能化技术能够提高生产效率和环保效果，但其初期投入较大，许多企业难以承担相关的资金压力。此外，部分企业对于绿色技术的知识储备不足，缺乏应用实践。

应对策略：政府应提供专项资金支持，尤其是在绿色技术研发和设备更新方面，帮助中小企业分担绿色转型的初期投资压力。推动行业协会与科研院校合作，提供绿色技术转移和应用指导，降低技术创新门槛。

2. 绿色标准与认证体系的建设滞后

目前，绿色标准在服装行业中并未完全统一，不同企业、不同地区甚至不同国家对于绿色生产的定义和标准都有差异。没有统一的绿色认证体系，使企业在推进绿色生产时缺乏明确的标准指导，增加了转型的不确定性。

应对策略：国家与地方政府应出台统一的绿色生产标准，并制定适应服装行业特点的绿色认证体系。推动绿色认证标准的国际化，使国内服装企业在全球竞争中能够遵循统一的环保标准，提升国际市场竞争力。

3. 供应链的协同与整合问题

服装行业的供应链复杂且分散，涉及原材料供应、加工制造、物流配送等多个环节。各环节之间的信息不对称、沟通不畅，给绿色供应链的实施带来巨大挑战。尤其是在绿色供应链上游，许多供应商尚未能够有效地实施绿色生产标准，导致整个供应链无法达成绿色目标。

应对策略：服装企业应加强供应链上下游的合作，推动供应商进行绿色认证，并加强绿色生产的教育与培训。借助数字化平台和物联网技术，加强供应链的信息化管理，确保绿色生产标准能够落实到每一个环节。

三、绿色转型的未来发展趋势

绿色转型的未来不仅仅是技术创新的推动，更是企业战略方向和行业发展趋势的深刻变革。以下是绿色转型的未来发展趋势。

1. 绿色产品的个性化与智能定制

随着消费者对环保产品的需求日益增长，绿色产品的定制化和个性化将成为未来的发展趋势。利用大数据和 AI 技术，服装企业可以根据消费者的环保需求和个人偏好，推出定制化的绿色产品。

智能定制：通过虚拟试衣、3D 建模、智能推荐等技术，消费者可以定制符合自己需求的绿色服装，并且在设计中考虑到材料的可回收性和环保性。

2. 全产业链绿色协同发展

未来，服装行业的绿色转型将不再局限于单个企业或某一环节，而是通过全产业链的协同发展来实现。企业需要与供应商、物流公司，甚至消费者共同参与绿色生产与消费活动，形成绿色生态系统。

绿色生态圈：服装行业将形成一个涵盖设计、制造、销售、回收等各个环节的绿色产业生态圈，推动产业链的绿色化、低碳化和循环化。

3. 绿色制造的智能化提升

随着人工智能、物联网、大数据等技术的不断发展，绿色制造将更加智能化。智能化不仅体现在生产过程中的设备自动化，更体现在供应链管理、能源管理、废物回收等各个环节的优化上。

智能能源管理：通过物联网和智能传感器，实时监测和优化能源使用，降低生产过程中的能耗和废弃物。

四、展望

绿色转型对于全国服装制造业而言，不仅是响应全球可持续发展趋势的必然要求，也是提高行业竞争力、降低资源消耗和环保压力的战略措施。随着全球环保政策日益严格、消费者环保意识的逐步提高以及政府绿色政策的持续推动，全国服装制造业正在逐步迈向绿色、低碳、智能化的新时代。

1. 绿色转型是服装产业高质量发展的必由之路

面对全球气候变化和环境恶化的严峻挑战，服装行业的绿色转型不仅是企业履行社会责任的体现，更是推动产业高质量发展的核心战略。中国作为全球最大的服装生产国和出口国之一，拥有庞大的生产规模和市场份额。因此，推动全行业绿色转型，不仅能改善国内的环境质量，还能提升中国服装产业在全球市场中的竞争力和话语权。

绿色技术的应用：通过引进和创新绿色制造技术，服装行业不仅能够实现生产环节的环保升级，还能在产品设计、原材料采购、供应链管理等方面实现全面绿色化，推动产业链从传统的线性模式向循环经济模式转型。

智能化与绿色化融合：智能制造的全面推进将成为绿色转型的重要支撑。大数据、物联网、人工智能等技术的广泛应用，将推动生产的精细化、自动化与绿色化，通过智能化调度减少能源浪费，优化生产过程中的资源配置，最终实现低碳生产和可持续发展。

2. 政策支持与市场需求共同驱动绿色转型

全国范围内的绿色转型不仅依靠企业的"单打独斗"，还需要政府的政策引导和市场需求的推动。随着政府对绿色经济的高度重视，政策支持将成为绿色转型的关键因素。政府可以通过财政补贴、税收优惠、绿色融资等手段，激励企业加速绿色技术的研发和应用。

绿色政策推动：中国政府近年来已经发布了一系列绿色制造政策，包括绿色制造与绿色认证的支持政策、绿色产品的消费补贴、节能减排的专项补贴等。这些政策的出台，有助于推动服装企业加快环保设备的引进、清洁生产技术的推广以及绿色产品的研发。

市场驱动：随着消费者环保意识的增强，绿色产品的市场需求正在不断增长。越来越多的消费者愿意为绿色环保、可持续的服装产品支付溢价，这对服装企业而言是巨大的市场机遇。企业通过优化生产工艺、改进原材料采购、推出绿色产品系列，提升品牌形象并占领市场先机。

3. 行业协同与供应链绿色化

绿色转型不仅是单个企业的转型过程，更是全产业链的绿色协同。服装行业的绿色转型需要依托供应链上下游企业的共同努力。通过与供应商、物流公司、回收公司等的协作，形成绿色供应链，推动整个行业绿色化进程。

绿色供应链建设：企业需通过选择绿色认证的原材料供应商、推动供应商采用绿色生产工艺、优化物流和运输过程中的碳排放等方式，逐步打造绿色供应链。尤其是在原材料采购阶段，推动更多可回收、可降解的环保材料的使用，可以有效减少生产过程中对环境的负担。

合作共赢：服装制造业需要加强与各类绿色技术提供商、环保组织和政府部门的合作，共同推动绿色技术的研发和绿色制造标准的制定。供应链的数字化、智能化是推动绿色协同的重要路径，通过物联网、区块链等技术，构建透明的供应链管理系统，确保绿色生产理念在每一环节的实施。

4. 未来展望：绿色智能制造将成为行业发展的主流

未来，随着绿色转型的深入推进，绿色智能制造将成为全国服装制造业发展的主流。通过将绿色生产和智能化制造深度融合，服装企业不仅能够节能减排，还能在生产效率和产品质量方面实现质的飞跃。

智能工厂的崛起：绿色智能工厂将成为未来服装企业的标配。通过智能设备、AI算法和物联网技术的融合，智能工厂不仅能够实时监控生产过程中的能耗与资源使用，还能通过数据分析和预测模型，提前优化生产计划和资源配置，实现低碳、低能耗、高效率的生产。

全生命周期管理：未来的服装企业将越来越重视产品全生命周期的管理。从设计阶段开始，注重环保材料的选择、生产环节的能耗控制，到销售后期的回收与再利用，整个生命周期的绿色管理将成为企业竞争力的重要组成部分。

绿色创新与技术革命：随着新材料、新工艺的不断涌现，绿色创新将带来新的技术革命。生物基纤维、可降解材料、3D打印等技术的应用，将推动服装产业生产方式的革新，使服装制造不仅更加绿色，还更加符合环保趋势。

第四章 结论与展望

第一节 研究结论

通过对辽宁省服装制造业智能化升级与可持续发展研究，得出了一系列重要的结论。

辽宁省服装制造业在全球化、技术进步和政策支持的推动下，已经形成了较为完善的产业链和较强的市场竞争力。辽宁省服装制造业通过引进智能制造技术，提高了生产效率和产品质量，逐步实现了从传统制造向现代化、智能化制造的转型。具体来说，智能制造技术的应用使辽宁省的服装企业在生产过程中实现了高度的自动化和数字化。例如，物联网和大数据技术的引入，不仅提高了生产设备的运行效率，还实现了对生产过程的实时监控和优化。这些技术的应用使企业能够快速响应市场需求，减少生产中的资源浪费，提高了整体生产效率和产品质量。

辽宁省的服装企业在绿色生产和可持续发展方面也取得了显著进展。许多企业采用环保材料和绿色生产工艺，减少了对环境的影响。例如，一些企业通过使用再生纤维和水溶性染料，不仅降低了生产成本，还减少了污染物的排放。这些绿色生产技术的应用，不仅符合国际环保标准，还提升了企业的品牌形象和市场竞争力。在政策支持方面，辽宁省政府通过一系列财政和税收优惠政策的制定，以及专项资金的设立，积极支持企业进行技术升级和绿色转型。例如，政府提供的绿色信贷政策和财政补贴，帮助企业降低了资金成本，促进了智能制造技术和环保技术的广泛应用。政策的支持为企业在技术研发和市场拓展方面提供了有力保障，推动了整个行业的可持续发展。

通过对辽宁省服装制造业智能化升级与可持续发展的研究，可以得出以下主要结论：通过应用物联网、人工智能和大数据等先进技术，企业能够实现生产过程的全面数字化和智能化，从而提高生产效率，减少资源浪费。采用环保材料和绿色生产工艺不仅能够减少污染物排放，还能提升企业的品牌形象和市场竞争力。

辽宁省的服装企业在这方面的成功经验表明，绿色生产不仅是企业履行社会责任的表现，还是提升市场竞争力的重要手段。辽宁省人民政府通过财政补贴、税收优惠和绿色信贷等政策措施，为企业提供了强有力的支持，促进了智能制造技术和环保技术的广泛应用。政府的政策支持为企业在技术研发和市场拓展方面提供了有力保障，推动了整个行业的可持续发展。通过加强与上下游企业、科研机构和技术供应商的合作，企业能够共享资源，共同推进绿色技术的研发和应用，提高整个产业链的绿色化水平。

第二节　未来研究和实践的方向

未来的研究和实践将继续围绕智能化升级与绿色转型这两个核心主题展开。

在智能制造方面，进一步探索物联网、人工智能和大数据技术在服装制造业中的深度应用。例如，通过物联网技术实现全流程的数字化和智能化管理，进一步提高生产效率和产品质量；人工智能技术的应用可以优化生产计划和质量控制，减少资源浪费，提升产品的一致性和可靠性。

绿色转型应继续深化在材料、工艺和供应链管理等方面的研究。开发和应用更多的环保材料，改进绿色生产工艺，减少环境污染。同时，推广绿色供应链管理，通过全产业链的协同合作，实现资源的高效利用和环境影响的最小化。例如，通过区块链技术实现供应链的透明化和可追溯性，确保每个环节都符合环保标准。

此外，未来的研究还应关注智能制造和绿色生产在市场多元化和品牌建设中的作用。通过技术创新提升产品的附加值和品牌影响力，拓展国际市场，特别是新兴市场，既分散市场风险，又增强企业的国际竞争力。

第三节　技术创新与优化建议

1. 加强技术研发与创新

企业应增加研发投入，建立专业的研发团队，重点研发智能制造技术和绿色生产工艺。例如，通过引进和自主研发相结合的方式，提高企业的技术水平和创新能力。利用大数据分析消费者的需求，指导产品设计和生产，加快市场响应速度和产品个性化程度。

2. 推动信息化基础设施建设

信息化基础设施是实现智能制造的基础。企业应加强信息化系统建设，如企业资源计划、客户关系管理和供应链管理系统，提高整体运营效率和数据管理能力。此外，建立高效、安全的网络和信息系统，确保生产数据和商业数据的安全与稳定。

3. 促进产业链协同创新

推动上下游企业之间的协同创新，形成完整的绿色供应链。例如，与原材料供应商合作，确保环保材料的供应；与客户合作，提供个性化定制服务；与科研机构合作，引进最新的环保技术和管理理念。通过全产业链的协同发展，实现资源的高效利用和环境影响的最小化。

4. 培养高素质人才队伍

智能制造和绿色转型离不开高素质人才。企业应加强员工培训，提高员工的技术技能和增强员工的环保意识。特别是培养一批懂技术、懂管理的复合型人才，以推动企业的智能化和绿色化转型。同时，营造良好的创新氛围，鼓励员工积极参与创新活动，激发员工的创造力和主动性。

参考文献

[1] 鞠爽."双碳"背景下辽宁省制造业转型升级影响因素研究[D].大连：大连交通大学，2023.

[2] 王珏."双碳"背景下辽宁省制造业低碳转型升级研究[D].大连：大连海事大学，2023.

[3] 李东阳.低碳经济视角下辽宁省制造业绿色创新能力评价研究[D].沈阳：沈阳理工大学，2023.

[4] 张孝阳.小微服装企业智慧工厂的商业模式创新研究[D].鞍山：辽宁科技大学，2022.

[5] 陈金晓."双碳"目标下的经济循环：循环低碳化与低碳循环化[J].经济学家，2022（9）：78-87.

[6] 杨瑾，王一辰.装备制造业智能化转型升级影响因素及作用机理[J].科学学研究，2023，41（5）：807-817，853.

[7] 童雨.中国制造业数字化转型的影响因素研究[J].技术经济与管理研究，2022（3）：124-128.

[8] 陈晓红，王钰，李喜华.环境规制下区域间企业绿色技术转型策略演化稳定性研究[J].系统工程理论与实践，2021，41（7）：1732-1749.

[9] 谭中.传统制造业转型升级的影响因素及优化对策探究[J].产业创新研究，2021（12）：56-58.

[10] 张璐."中国制造2025"背景下制造业转型升级路径选择[J].中国集体经济，2021（4）：9-10.

[11] 杨阳，曾刚，葛世帅，等.国内外绿色创新研究进展与展望[J].

经济地理，2022，42（3）：10-21.

[12] 孙亚静，安佳，侍术凯.产业结构调整视角下吉林省低碳经济发展研究［J］.税务与经济，2020（5）：103-108.

[13] 王博，张永忠，陈灵杉，等.中国城市绿色创新水平及影响因素贡献度分解［J］.科研管理，2020，41（8）：123-134.

[14] 张丹.辽宁省跨境电商发展对制造业转型升级的影响研究［D］.沈阳：辽宁大学，2021.

[15] 张明超.数据赋能促进制造业企业服务化转型机理的案例研究［D］.沈阳：东北大学，2019.

[16] 谢世殊，郭朝晖，刘献东.工业4.0在钢铁工业中的发展路径［J］.宝钢技术，2015，8（6）：1-9.

[17] 孙健，于佐君.智能化背景下服装私人定制的多元化发展研究［J］.美术大观，2019（6）：98-99.

[18] 吕秀君，徐鸣.宁波纺织服装产业转型升级对策研究［J］.毛纺科技，2020，48（2）：90-93.

[19] 黄文秋，张颖.我国服装产业转型升级对策研究——以辽宁省大连市为例［J］.经济视角，2015，34（3）：38-39.

[20] 邓富娟，郝淑丽.基于投入产出模型的广东省纺织服装产业发展研究［J］.现代商业，2021（6）：36-38.

[21] 董敏，娄峰.标准化运行与技术创新协同对物流产业转型升级的影响机制分析［J］.商业经济研究，2023（24）：85-89.

[22] 王禹.创意经济下我国服装产业升级的思考［J］.企业技术开发（下半月），2014，（23）：128-130.

[23] 中国化学纤维工业协会.中纺联发布2019年纺织行业经济运行报告［J］.人造纤维，2020，50（1）：38-39.

[24] 白晓.质量和效率是产业链建设关键—2009全球纺织服装产业链

大会前瞻[J].纺织服装周刊,2009(22):9-9.

[25] 孙晓宇.基于新国潮语境下服饰品牌建设助推辽宁地区服装产业发展研究[J].艺术工作,2022(4):108-111.

[26] RATHORE D B. Textile industry 4.0 transformation for sustainable development: Prediction in manufacturing & proposed hybrid sustainable practices[J]. Refereed Academic Multidisciplinary Journal, 2022, 11(1): 223-241.

[27] LI Q, XUE Z B, WU Y H, et al. The status quo and prospect of sustainable development of smart clothing[J]. Sustainability, 2022, 14(2): 990.

[28] AHMAD S, MISKON S, ALABDAN R, et al. Towards sustainable textile and apparel industry: Exploring the role of business intelligence systems in the era of industry 4.0[J]. Sustainability, 2020, 12(7): 2632.

[29] TAYYAB M, JEMAI J, LIM H, et al. A sustainable development framework for a cleaner multi-item multi-stage textile production system with a process improvement initiative[J]. Journal of Cleaner Production, 2020, 246: 119055.

[30] YANG Y L, ZHANG Y Y, ZUO H F, et al. The effective practical application of modern intelligent manufacturing technology in textile and garment industry[J]. International Journal on Interactive Design and Manufacturing(IJIDeM), 2023: 1-10.

[31] ZHU X M, ZHANG B, YUAN H. Digital economy, industrial structure upgrading and green total factor productivity—Evidence in textile and apparel industry from China[J]. PLoS One, 2022, 17(11): e0277259.

[32] JI Y, JIANG G M, CONG H L. Sustainable improvements for customized platform effectiveness in garment production[J]. Autex Research Journal, 2019, 19(4): 355-362.

[33] CHANG C W. Constructing an intelligent shoe production plant using a green supply chain and knowledge management[J]. Knowledge Management Research & Practice, 2022, 20(1): 46-57.

[34] FATIMAH Y A, GOVINDAN K, MURNININGSIH R, et al. Industry 4.0 based sustainable circular economy approach for smart waste management system to achieve sustainable development goals: A case study of Indonesia[J]. Journal of Cleaner Production, 2020, 269: 122263.